そうだったのか、路面電車

知られざる軌道系交通の世界

西森　聡
Nishimori Sou

交通新聞社新書　128

まえがきにかえて

昭和30年代前半の話だ。３歳になったかならないかのころ、私はひとりで家の近くの石段を登り、細い路地を二度曲がって電車通りに出た。とたんに街の騒音がどっと押し寄せてきて、たじろいだ。

そのころ、本郷通りを走る車の数はいまよりはるかに少なかったが、エンジン音や排気の音が大きく、人の声もいまよりずっと大きかった。商店の呼び込みの声や、主婦の立ち話の声、高らかに友人に呼びかける学生の声などがあたりを満たしていた。高度経済成長期の槌音――道路工事の音も喧しかった。

立ちすくんでいると、通りの向こうから街の喧噪を割るような高く澄んだ「チンチン」という音が聞こえてきた。ゴドドン、ゴドドンと地響きがする。チンチン電車だった。

速い！　すごい！　かっこいい！　チンチン電車に圧倒されて、私は夢見心地だった。

物心ついてから知ったことだが、そのとき目の前を通り過ぎていった電車は、都電19系統王子駅前行き。都電が元気よく東京中を走り回っていた時代だった。

しかし、やがてモータリゼーションの波が来て、１９６０年代の後半から１９８０年代にかけて、路面電車は次々に東京から、そして日本の鉄道地図から姿を消していった。同じころ、ヨーロッパの国々、特にドイツ語圏や旧東欧圏の都市ではトラムが街中を走り回っていて、「いいなあ、まだ残っていて」とうらやましく思った。けれども、そのうちどこの国からもトラムは消えてしまうだろうとも思ったものだ。

ところが、1980年代の後半から、トラムをめぐる状況に想像していなかった大きな変化が起きた。トラムが都市公共交通の主役となって、新たな発展を始めたのだ。エコ意識の高まりや交通弱者に対する配慮、都市再生の試みなどから生まれた、世界的なムーブメントだった。

この動きは現在も続いている。たとえば、ドイツは世界有数の自動車生産国だが、トラムが走る都市は60以上にものぼり、各都市で旧来のトラムがLRTへと進化している。

進化のしかたはそれぞれの都市の事情に合わせてさまざまで、バリアフリーのために超低床車の開発が進められたり、大量輸送のために、5連接車体の電車を2編成連結した10両編成のトラムが登場したり。あるいは、非電化区間に直通させるためにハイブリッド車両の開発が進められたり。カールスルーエのトラム（Sバーン）はドイツ鉄道に乗り入れて100キロを超えるロングランを行っているし、ザールブリュッケンではトラムに乗ったまま国境を越えてフランスへ行けるといった具合だ。こういうケースでは、トラム自体が観光資源になる。

日本でも、熊本市電を皮切りに各地で超低床車の導入が続いている。JR富山港線は、日本初の本格的LRT、富山ライトレールとして生まれ変わった。過去に路面電車がなかった宇都宮市では、ゼロからのLRT建設が進められている。これらの例は日本全体から見ればまだレアケースだが、非常に画期的なことが静かに進行しているという気がする。

個人的には、1990年代の中頃、フランスのストラスブールで見たユーロトラムの印象が強烈だった。文字どおりのカルチャーショックを受け、巷で流布しだしていた「人と環境に優しい」というキャッチフレーズは本当だと思った。チェコのプラハでポルシェデザインのシュコダT－14型を見たときには、日本でも人気が出るだろうと思った。

しかし、それから20年ほど経った現在も、日本の路面電車をめぐる状況は欧米各国、いや、世界全体の流れに立ち遅れている感が強い。この数十年、新幹線をはじめとする車両や運行、保安のシステムなど、日本の鉄道技術は世界の鉄道界を牽引してきたが、こと路面電車に限っては、日本が「後進国」であることは否めない。乱暴な言い方になるが、公共交通に関わる国や自治体の姿勢や意識の違い、法整備の遅れなどが、路面電車の発展を

プラハ旧市街マラー・ストラナ停留場のシュコダT−14

阻んでいるのではないだろうか。

では、日本の路面電車は今後どのように進化するのか。衰退することもあるのだろうか。トラムは街と人の暮らしをよりよい方向に変える力を持った、非常に有機的なインフラなのだが。

そこで、「速い、すごい、かっこいい」路面電車が日本中を走る日が来ることを期待しつつ、路面電車の歴史を振り返り、現況を概観して、日本の路面電車はどのような存在なのか、どのような可能性を秘めているのかを繙いてみたい。路面電車の奥深い魅力とポテンシャルに少しでも興味を持っていただければ幸いである。

そうだったのか、路面電車――目次

第1章　路面電車の現在

第2章　路面電車の誕生と発展

第3章　衰退する路面電車

第4章　世界の合言葉は「LRT」

第5章　路面電車の車両の話

第6章　全路面電車を概観する

第1章　路面電車の現在

路面電車とは何か？――〝ちんちん〟の由来

「路面電車」とは何か。まずは名前から考えてみよう。

中年以上の世代になじみ深い名前は「チンチン電車」だろう。地域によっては「市電」と呼ばれている例もあり、それぞれの街にそれぞれの愛称や呼び名がある。

路面電車発祥の国ドイツでは、「シュトラッセンバーン（Straßenbahn）」という。直訳すると、「道路の鉄道」だ。英語では、「ストリートカー（Streetcar）」。日本語の路面電車という呼び名は、ドイツ語や英語の呼び名をそのまま日本語に置き換えたという印象だ。

最近よく使われているのは、「トラム（Tram）」だろう。この言葉はドイツ語で車軸などを意味する「Traam」に由来するそうで、ヨーロッパ各地で広く用いられている。日本では、東京都交通局が２０１７（平成29）年の春から都電荒川線に「東京さくらトラム」という愛称を冠している。

アメリカでは、「トロリー（Trolly）」という呼び名も行き渡っているようだ。トロリーは「転がる」という意味で、ポール（集電装置）の先端に取り付けられた滑車が架線を転がって集電する仕組みから名付けられたという。

このトロリーという呼び名は、日本で路面電車に使われることはなかったのだが、無軌

都電荒川線9000形。飛鳥山付近で

条電車（架線集電方式のバス）は「トロリーバス」と呼ばれている。トロリーバスは、見た目も操作方法もバスに似ているが、法令上は鉄道の扱いである。つまり、立山黒部アルペンルートの２路線、関電トロリーバスと立山トンネルトロリーバスは、呼び名は「バス」だが、法令上は路面電車のカテゴリーに入るということになる。

冒頭に挙げた「チンチン電車」については、「どうしてチンチンなの？」と疑問に思われる方も多いかもしれない。「チンチン」というのは鐘、要するに信鈴の音で、いまでも都電荒川線や阪堺電気軌道などでは、電車の扉が閉まるときに運転士が足元にある鐘を鳴らしている。

鐘は、路面電車に車掌が乗務していたころは、車掌と運転士の合図にも使われていた。昔の車掌は発車するとき、「動きまァす。チン、チン」と言っていたそうだ。1966（昭和41）年、都電の廃止が決まったころに出版された獅子文六《ししぶんろく》の随筆『ちんちん電車』に、こんな下りがある。

「車掌台に、白い、太い紐が下がっていて、車掌さんが力をこめて、グイ、グイとひっぱると、運転台の上部に、とりつけたベルが、引いた数だけ、鳴る仕掛けになっている。二つ鳴れば発車、一つ鳴れば停車である。（中略）〝チン、チン〟の歴史は古く、この音を聞かなければ、電車に乗ったような気がしなかった。そこで〝ちんちん電車〟という語ができた。」（「〝ちんちん〟の由来」）

市電や都電が東京を元気に走り回っていた時代の空気が立ち上がってくる。獅子文六は1903（明治36）年に開通した東京市街鉄道（街鉄）の時代から都電に乗っていたそうだ。昔はいまよりもずっと頻繁に街に「チンチン」という音が響き渡っていたことだろう。

ところで、阪堺電気軌道は、「チンチン電車」ではなく「ちん電」と呼ばれている。関西人の合理性で可能な限り短縮したのか、何か別に由来があるのかはわからないが、関東の人間からすると、短くて無駄がないのにユーモラス、という印象を受ける。

このように、地域が変われば呼び方が異なるのは当然なのだが、路面電車の場合は、特にそれぞれの地域で固有の名前、地域で慣れ親しまれた独特な呼び方で呼ばれることが多いようだ。

たとえば、東京都や熊本市のように地方自治体が運営している場合はそのまま「都電」や「市電」だが、経営母体が私鉄の豊橋や富山の路面電車も「市電」と呼ばれている。札幌や函館、長崎などでは、単に「電車」と呼ばれることがある。これは、かつて国鉄各線が非電化だった時代に、国鉄の列車は「汽車」、路面電車は「電車」と呼び分けられていた名残だと聞いたことがある。

「地名＋電車」の省略形もよくある。京福電鉄嵐山本線の「嵐電《らんでん》」、岡山電気軌道の「おかでん」、広島電鉄の「ひろでん」などだ。高知で「とでん」といえば、これは「都電」ではなく「土電」。とさでん交通の前身、土佐電気鉄道時代からの呼び名だ。

それぞれの地域でそれぞれの呼ばれ方をしている様子を眺め渡してみると、路面電車はそれだけ市民の暮らしに密着している存在、別の言い方をすると、ご当地的な性格が深い存在なのだろうと改めて認識する。

路面電車と鉄道はどう違う？――「共通項」の問題

一般の鉄道と路面電車はどう違うのか。路面電車とはどのような存在で、どんな路線が路面電車の路線なのだろうか。その答えは、相当に入り組んでいて面白い。

というのは、そもそも鉄道の定義が難題だからだ。ひと口に鉄道といっても、その形態、様式が多岐にわたっているのはご存じのとおりだ。基本的には、2本の軌条（レール）やそれに類するものを車両の車輪を使って走行する交通機関と言えるのだろうが、例外もある。

新幹線、在来線、地下鉄、路面電車などのいわゆる一般的な鉄道のほか、モノレール、新交通システム、ケーブルカー、浮上式鉄道（リニアモーターカー）なども鉄道に分類されるし、「無軌条電車」であるトロリーバスも、鉄道の範疇に入る。ガイドレールと一般道路を走る名古屋ガイドウェイバスは、呼び名こそ「バス」だが、法規上は「案内軌条式鉄道」で、鉄道に分類される。

一方、鉄道の仲間に入りそうに思えるロープウェイやゴンドラリフトは、「鉄道事業法」の対象ではあるが、鉄道ではなく、「索道」に分類される。ケーブルカーは「鋼索鉄道」といって、「鉄道」に分類される。高尾山などで、ケーブルカーとリフトが並行して山上に向かっているのを見ると、一方が鉄道で、もう一方は索道だと言われてもピンとこないが、分類上は「そうなっている」のである。

さて、路面電車の話である。現在、日本には路面電車を運行している事業体が19ある。北から順に挙げると、札幌市交通局、函館市企業局交通部、東京都交通局、東京急行電鉄、豊橋鉄道、富山地方鉄道、富山ライトレール、万葉線、福井鉄道、京阪電気鉄道、京福電気鉄道、阪堺電気軌道、岡山電気軌道、広島電鉄、伊予鉄道、とさでん交通、長崎電気軌道、熊本市交通局、鹿児島市交通局の19事業体である。これら19の事業体は、どのような「理由」で路面電車とされているのだろうか。

19事業体のうち、公営交通は、札幌市、函館市、東京都、熊本市、鹿児島市の５都市で、富山ライトレール、万葉線、とさでん交通は第三セクターの経営だ。東急世田谷線と京阪大津線は大手私鉄、その他の９社は地方鉄道である。このうち、豊橋鉄道、富山地方鉄道、広島電鉄、伊予鉄道と大手私鉄の２社は、鉄道線と軌道線の両方の路線を運営している。

福井鉄道は１本の路線の途中で路面電車から鉄道へと切り替わっているが、電車自体は直通で運転されている。富山ライトレールも同様である。広島電鉄と万葉線は路線名が異

末広町付近の相馬株式会社前を行く函館市電「ラックル号」

なる軌道線と鉄道線を運営しているが、やはり電車は直行する。

残る4社、京福電気鉄道、阪堺電気軌道、岡山電気軌道、長崎電気軌道では、軌道線だけを運営しているケース、ケーブルカーやバスなどを含む交通事業を行っているケース、不動産業も行っているケースなど、事業の内容はさまざまだ。

つまり、「路面電車かどうか」ということは、経営母体の体制や事業内容によるものではないということが言えそうなのだ。

別のデータも見てみよう。19事業体の軌間（レールの幅）は、1435ミリ（8事業体）、1372ミリ（3事業体）、1067ミリ（8事業体）の3通り。電圧は、京阪大津線だけが直流1500ボルトで、他は直流600ボルトの2通り。

江ノ島〜腰越間の併用軌道を走る江ノ電

駅や停留場の形態も各線それぞれで、道路上に線を引いただけの安全地帯があったり、屋根付きで冷暖房を完備した待合室付きのホームがあったり。停留場の大半は無人だが、駅員がいる例もあるし、自動改札機が設置されている例もある。ほとんどの路線でワンマン運転が行われているが、観光ガイドを兼ねたアテンダントが乗車している例もある。

　こうしてみると、各事業体すべてに共通している項目は、「使用車両が電車である」ということだけのようだ。もっとも、かつて札幌市では路面電車ならぬ路面気動車が運行されていたこともあったから、過去の路面気動車の存在までを含めれば、路面電車の各事業体すべてに共通する項目は、「まったくない」ということになってしまう。

図1　路面電車・現行19事業体

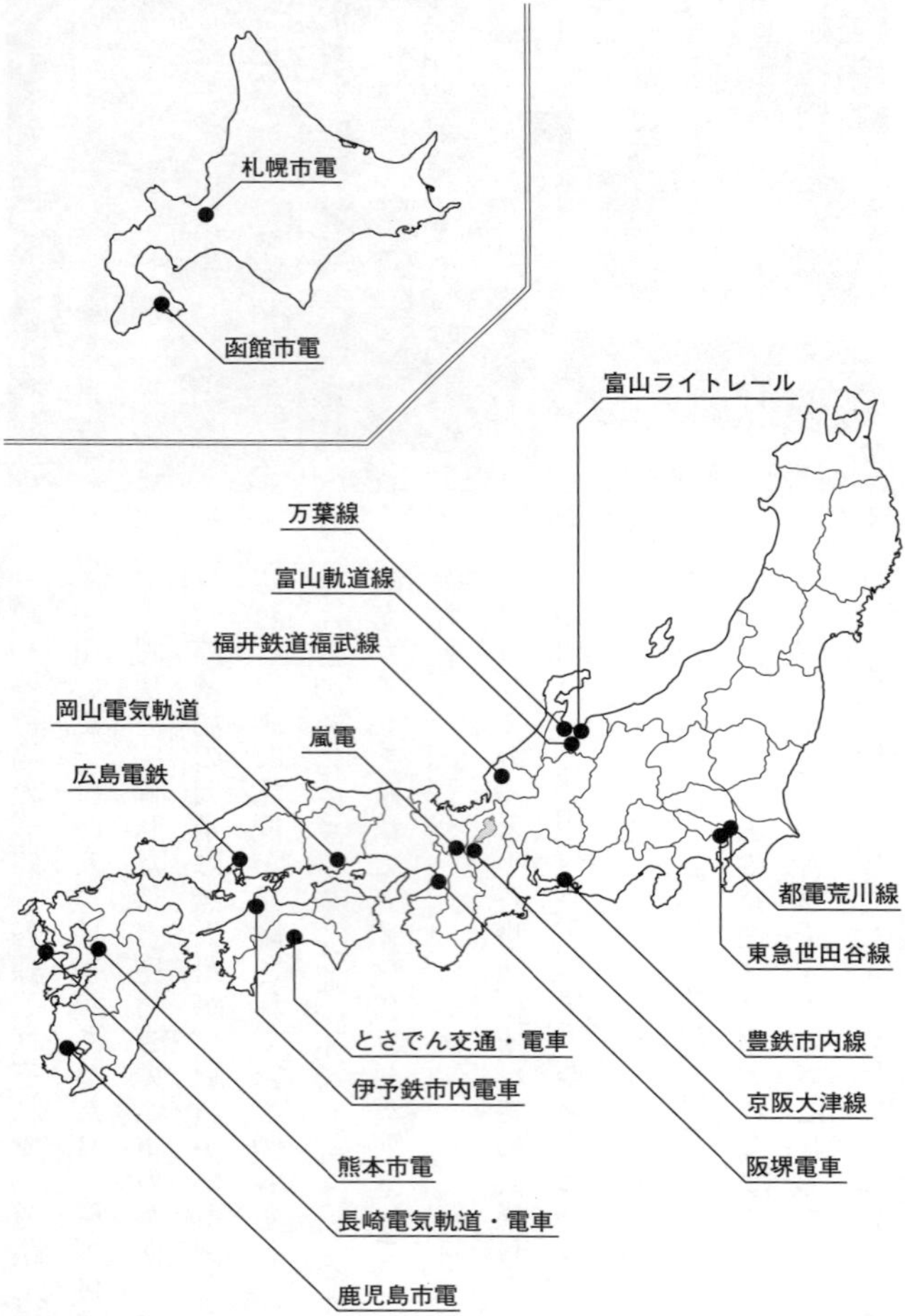

見方によっては驚くべき結果だと思うのだが、これはいったいどういうことなのか？

そして、この19事業体には、少しも道路上を走っていない東急世田谷線が含まれているのに、たしかに道路を走っているはずの（いや、絶対に間違いなく道路を走っている）江ノ電（江ノ島電鉄）や熊本電鉄は含まれていない。いったいなぜか？

理由は次項以下にまとめるが、江ノ電問題については第３章に別項を設けたので、そちらも併せてご覧いただきたい。

路面電車の監督官庁は、鉄道院・運輸省ではなかった！

結論から言うと、路面電車を運営する19事業体に「共通項がない」理由は、法律にある。路面電車と一般の鉄道の違いはどこにあるのかという問いに対する答えも、法律の中にある。

軌道線（路面電車）は「軌道法」という法律に則って、鉄道は「鉄道事業法」という法律に則って建設され、運営されている。電車と路面電車は違うものなのだから、法律が異なるのは当然だと思われるだろうか？　しかし、ことはなかなか複雑だ。大雑把な言い方になるが、法律の上では「軌道法」によってできた建設物が路面電車で、「鉄道事業法」

日本最古の路面電車、長崎電軌の「明治電車」168号

によってできた建設物が鉄道ということになるためだ。

そもそも、鉄道の建設や運営に関する法令の端緒は、明治の初期、日本に初めて鉄道が開業した時代までさかのぼる。明治新政府は鉄道の建設と運営は国家の一大事業と捉えており、当初はすべての事業が国営で行われる予定だった。しかし、西南戦争やその後のインフレなどで政府は財政難に陥り、鉄道建設を民間の資本に頼らざるをえなくなった。

1883（明治16）年7月28日に、民営鉄道の第1号として、日本鉄道の上野～熊谷間が開業した。1887（明治20）年5月18日には、41条からなる「私設鉄道条令」が公布された。これは、鉄道建設を民間資本で進めるための法令だった。

この条令は会社設立のための株式から、運賃、軍事輸送に関する事柄までを事細かに規定したもので、国家が私設鉄道を監視し、運営に干渉する内容だったが、日本各地の財閥や資本家が鉄道建設に参入して、山陽鉄道や九州鉄道など、大手私鉄が次々に開業していった。ちょうど現在のＩＴ産業のように、鉄道会社をつくれば儲かると思われていた時代だった。

「私設鉄道条令」には、軌間（レールの幅）は１０６７ミリとすること（第７条）、25年後には国が買い上げる場合があること（第35条）などの条項が盛り込まれていた。政府は日本の骨格をなす幹線鉄道建設に一時的に民間資本を導入するけれども、将来的にはこれを国営鉄道とし、既設の路線との直通運転を行うことを前提とするという意味合いを含んだ条令だった。

続いて１９００（明治33）年３月16日には、「私設鉄道条令」の発展形の「私設鉄道法」が公布されている。その一方で、国家が「経営」する鉄道とは別に、短距離、地域限定の馬車鉄道を対象とする適用規則として、１８７４（明治７）年に「馬車轍路規則」という法令も定められた。

新橋～日本橋間に東京馬車鉄道が開業したのは１８８２（明治15）年６月25日のことだ

が、その後、馬車鉄道建設の出願が増えたことに応じて、1890（明治23）年8月23日には道路に敷設する鉄道に適用するための「軌道条令」が公布された。この条令はわずか3条しかない条令で、監督官庁は鉄道庁（のちの鉄道院～鉄道省）ではなく、内務省だった。

ところが馬車鉄道は、乗車定員の少なさや、馬の餌やし尿処理の問題があって、次々に路面電車に取って代わられた。明治の終わりから大正初期をピークに路線数も輸送人員もどんどん減った。その結果、「軌道条令」はもっぱら路面電車を対象とする条令となった。

1906（明治39）年3月31日には、鉄道国有法が公布され、日本鉄道や山陽鉄道など、おもな私鉄およそ4500キロが国有化された。これにより、審査が厳しく手続きが煩雑で、時と場合によってはお国に召し上げられる可能性もある「私設鉄道法」に基づいて鉄道を建設しようとする事業体が激減し、地方における鉄道建設の遅滞を招くことになった。

そこで、諸手続きを簡略化し、軌間や設備などの基準も緩やかにして認可を得れば道路上に軌道を敷設してもよいという内容の「軽便鉄道法」が、1910（明治43）年4月21日に公布された。この時点で、鉄道建設に関する法令は三つになった。

鉄道建設を希望する人や事業体は「軽便鉄道法」や「軌道条令」に拠って建設を進めることになり、「私設鉄道法」の存在理由は次第に希薄になっていった。

１９１９（大正８）年４月９日には、「私設鉄道法」と「軽便鉄道法」が廃され、新たに「地方鉄道法」が公布された。この法律は、１９８７（昭和62）年４月１日の国鉄民営化に合わせて施行された「鉄道事業法」に引き継がれるまで効力を保っていた。

では軌道法はというと、１９２４（大正13）年１月１日に「軌道条令」に代わって「軌道法」が施行され、この法令は90年以上を経た現在も適用されている。驚くことに、大正時代に公布された法律が現在も効力を保っているのだ。

しつこいようだが、鉄道建設に関する法律は二つあり、そのうち一つは大正時代に生まれた法律なのだ。

「軌道」という言葉の問題と構造

法律の話を続ける。「軌道」という用語には（「軌道」に限ったことではないが）、一般的な用法のほか、鉄道に特有の用法と、法律・法制上の用法がある。法律・法制上の用法では、一般的な言葉の意味よりも意味や対象を限定して、あるいは業界の慣習的に、独自の用いられ方をすることがあるので、注意して受け取らなければならない。

たとえば、「軌道系交通」という言葉がある。この場合の「軌道」は、「路盤の上につ

都電荒川線の新設軌道区間。飛鳥山〜滝野川一丁目間

くった線路構造物の総称。道床・枕木・レールおよび付属品から成る」（『広辞苑』）という意味だから、「軌道系交通」とは、一般の鉄道と路面電車を含む、「鉄道事業法」と「軌道法」によって建設、運営されている交通機関のすべてを指すはずである。

ところが、同じ広辞苑に、「軌道」は「法制上は、道路に線路を敷設して輸送を行う鉄道を指す」ともある。わざわざただし書きがあるということは、一般的な意味だけでは説明できない側面があり、使用上バグが生じる可能性があるということだろう。そこで、本書で「軌道」という言葉を用いる際には、基本的に「法制上」の意味で使用することにする。

「軌道」には、「併用軌道」、「専用軌道」、「新設

都電荒川線の併用軌道区間。王子駅前～飛鳥山間

軌道」、「リザベーション軌道」などがあるが、これらの用語も「法制上」の意味で用いることにしよう。

まず「併用軌道」だが、これは道路上に敷設された軌道を指す。道路上以外の場所に敷設された軌道は、「新設軌道」と呼ばれている。単純に、新しくできた軌道が「新設軌道」ではないところが実に不思議なところだ。

「専用軌道」は、これまた不思議な用法なのだが、「新設軌道」の通称として用いられることが（路面電車を語るときには）一般的だ。法制上の定義とは関係なく、「専用の敷地内に設けられた軌道や線路」を指す場合もあるのだけれど。

ところが、軌道法第１条第２項には、「専用軌道」の解釈のひとつとして、「一般交通ノ用ニ供セサル軌道」と記されている。「運輸に使用しない軌道」といった意味に受け取るしかなく、現在の日本にはそのような軌道は存在しないので、記載そのものが無意味であり、用法の理解をややこしくしている。

あくまで推測だが、軌道法の公布当時、「一般交通」は「軍事交通」に相対する用語であり、軌道は「軍事交通ノ用」に供するものとして想定されていたのかもしれない。軌道法には、これまでに削除された条文もいくつかあるのだが、この項が現在まで残っている事情も不明である。

路面を走る定め——道交法も絡む

このように、法律の用法、解釈だけでも十分すぎるほど複雑な「軌道」だが、運用面ではどのような問題があるだろうか。すぐに思い浮かぶのは、各地の併用軌道で常に大きな障害、課題となってきた自動車の軌道内進入問題だ。

軌道内への自動車の進入を規制する法令は、軌道法ではなく、道路交通法の第21条で定められている（これまた錯綜ぎみの仕組みである）。

「やむを得ない場合を除き、軌道敷内を通行してはならない」。特例として、軌道敷内を通行することができる場合においても「車両は、路面電車の通行を妨げてはならない」と定められているのだが、自動車の側にしてみれば、道路の真ん中を路面電車に占領されて苛ついてしまうということがあるようで、何十人もの人が乗車している路面電車が１人か２人しか乗っていない自動車に行く手を阻まれて定時運行ができなくなることがある。しまいには乗客離れが起きて、廃止となってしまったという路線も多い。

路面電車が停車して乗客が乗降する施設は、併用軌道区間では、駅ではなく停留場や電停と呼ばれているのだが、停留場や安全地帯に関する定義や義務が定められているのも、軌道法ではなく、道路交通法の第17条などである。自動車免許をお持ちの方なら、「路面電車が停車していなくて、安全地帯に歩行者がいるとき」とか、「路面電車が停車していて安全地帯がなく、乗り降りする人がいる場合」などの決まりを教習所で習った覚えがあるだろう。

道交法でこのように定められているにもかかわらず、路面電車の軌道に進入する車は後を絶たず、路面電車の行く手を阻んでいる。そのため、併用軌道への自動車の進入を防ぐ目的で、軌道と車道を縁石や分離帯などで区切った軌道もある。これを「リザベーション軌道」という。「準専用軌道」ともいう。さらに補足すると、「リザベーション軌道」には、

都電荒川線、尾久消防署付近のリザベーション軌道

道路の中央に軌道を敷設した「センターリザベーション軌道」と、道路の端に寄せて軌道を敷設した「サイドリザベーション軌道」がある。

呼称はややこしいのだが、併用軌道の構造自体は、シンプルというか、共存の試みの結果というか、極めて実利的である。都電荒川線の例でいうと、王子駅前〜飛鳥山間は「併用軌道」、熊野前〜小台間は「センターリザベーション軌道」、それ以外の区間が「新設軌道」「専用軌道」となる。

「新設軌道」は普通の鉄道の路盤と同じように、バラスト（線路に敷く砕石）を敷き詰め、枕木にレールを固定した状態が多く、「併用軌道」や「リザベーション軌道」は、舗装が施されていることが多い。「併用軌道」はもちろんだが、「リザベーション軌道」も自動車の走行が可能な構造なのだ。

ちなみに、都電荒川線の宮ノ前停留場横の尾久消防署前では、「リザベーション軌道」の縁石に切れ目が設けられている。いざというときに緊急車両が軌道内を走行できるようになっているわけで、当然と言えば当然かもしれないが、実用主義的な工夫に感心する。

規制だらけの軌道法

改めて言うが、現在路面電車を運行している19の事業体は、大正生まれの軌道法に則って運営されている。その第２条には、「軌道ハ特別ノ事由アル場合ヲ除クノ外之ヲ道路ニ敷設スヘシ」（大正10年法律第76号）とある。

その他の一般の鉄道は、鉄道事業法に則って運営されている。「地方鉄道法」第４条には、「地方鉄道ハ之ヲ道路ニ敷設スルコトヲ得ス但シ已ムコトヲ得サル場合ニ於テ主務大臣ノ許可ヲ受ケタルトキハ此ノ限ニ在ラス」とあり、「鉄道事業法」の第61条には、「鉄道線路は、道路法（昭和27年法律第１８０号）による道路に敷設してはならない」（昭和61年法律第92号）とある。

これらの法令を厳密に遵守するならば、路面電車は道路上を走らなければならないし、一般の鉄道は道路上を走ってはならないことになる。しかし、ご存じのとおり実態はそのようにはなっていない。もちろん、線路や道路の付け替えによって、併用軌道だったところが新設軌道になるというような例はあっただろうが、現実の敷設状況からは、条文の「但シ已ムコトヲ得サル場合」や「特別ノ事由アル場合」ではない場合にも、都合よく建設や運用が行われてきたことが推しはかられる。

それにしても、なぜ鉄道に関する法律が二つに分かれたまま残っているのだろうか。経緯は前に記したとおりだが、どこかの時点で統合されるか改訂されるかしてもよかったのでは……と思ってしまう。

事情を探ると、地方鉄道法と軌道法を司る役所間で、都市交通に対する主導権争いや権力闘争、あるいは予算獲得のための綱引きなどがあったために、鉄道建設に関する法令を一本化することができなかったのだという衆説に行き当たる。

かつて軌道法の監督官庁は、初め内務省、戦後は建設省で、地方鉄道法の監督官庁は、鉄道院、鉄道省、運輸省だった。軌道は鉄道の一形態ではあるけれど、道路を管理する建設省の管轄下になりますよ、ということだったのだ。

現在は、鉄道も軌道も国土交通省の管轄だが、法令はいまだ二分されたままである。どうも釈然としないが、お役所の側だけでなく、事業体の側にも、「二つの法律をうまく運

半径11メートルの日本一の急カーブ。豊橋鉄道東田本線井原停留場

用して鉄道事業を行いましょう」という目論みはあったようだ。これについては第3章で詳述する。

軌道法と地方鉄道法の違いについて、もう少し見てみよう。

軌道事業は特許制で、廃止する場合は許可制であり、鉄道事業は許可制で、廃止する場合は届け出制であるという違いは、ある程度までは用語の問題、意味上の問題だろう。しかし、軌道事業の廃止が届け出制であったなら、早い段階で多くの路面電車が消えていたかもしれないということは、よく言われている。

線路の敷設に関しては、軌道のカーブの最小半径は11メートル以上で、最急勾配は40パーミル以下（特例として67パーミル以下）だが、鉄道のカーブ半径は160メートル以上で、最急勾配は35パーミル以下とする、といった違いがある。

運行面では、軌道法においては、速度計の設置は義務ではないとか、併用軌道区間では路面電車は道路交通法に従う（自動車用の信号にも従う）などの違いがある。

専用軌道と道路の交差点に警報器や遮断機がある踏切が設けられている場合は、電車に優先通行権があるが、警報器も遮断機もない第4種踏切の場合は、踏切は交差点と同じ扱いとなり、電車も交通信号に従わなければならない。

電車が信号待ちをする場所として知られている東京の若林踏切（東急世田谷線と環状七号線の交差点）がその一例で、若林踏切の信号が青ならば、環七を進む車は踏切で一時停止する必要はない。

また、道路交通法第33条「踏切の通過」により、道路上を走る車両が鉄道の踏切に行き当たった場合には、鉄道の側に優先権があり（「車両等は、踏切を通過しようとするときは、踏切の直前で停止し、かつ、安全であることを確認した後でなければ進行してはならない」）、路面電車は鉄道の列車の通過待ちをしなければならない。

列車の長さ、最高速度などの規定にも違いがある。安全確認の方法も、路面電車と鉄道

環状七号線若林踏切で信号待ちをする東急世田谷線

では大きく異なる。鉄道事業法では、追突や衝突などの事故を防ぐために閉塞や信号といった保安信号システムやＡＴＣ（自動列車制御装置）などの設置が義務付けられているが、軌道法では、併用軌道上で複線区間を走行する場合には閉塞設備は不要で、目視による続行運転ができる。続行運転とは、最高時速が25キロ以下の路線では、運転士の注意力や交通信号によって、先行電車に追従して運転できるという決めごとである。

ことほどさように、鉄道法と軌道法は異なる。道交法とのせめぎ合いもある軌道法は規制だらけといって間違いなさそうだ。見方を変えれば、そこにこそ、路面電車のわかりにくさや捉えどころのなさ、面白さがあるのかもしれない。

ともかくも、ここまで軌道法と鉄道法に注目しながら路面電車という存在を眺めてきて、法律の上での路面電車の概念や複雑さはある程度つかめたと思う。

そこで、次章では歴史をさかのぼって路面電車誕生からの歩みをたどり、個々の事例から路面電車とは何かを繙いてみたい。

第2章　路面電車の誕生と発展

世界初の電車は路面電車だった！

1825年、世界初の鉄道がイギリスのストックトンとダーリントンの間で営業運転を始めた。日本は江戸時代後期の文政8年で、この年、江戸幕府は外国船の追放令である「異国船打払令《うちはらいれい》」を発している。1853（嘉永6）年の黒船来航までまだ30年近くあった、そんな時代だ。日本の鉄道の開業はイギリスの営業運転から47年後の1872（明治5）年9月12日（グレゴリオ暦10月14日）のことだった。

1820年代にイギリスで誕生したと言われている馬車鉄道も、日本では1882（明治15）年の東京馬車鉄道の開業が始まりとされている。馬車鉄道は路面電車に転換されたり廃止されたりして、次第に姿を消していった（札幌市郊外の北海道開拓の村と、岩手県の小岩井農場まきば園では、いまも観光用の馬車鉄道が運行されている）。

それでは、世界で初めて電気車（電車と電気機関車）が登場したのはいつかというと、1879（明治12）年のベルリン勧業博覧会で、ドイツ・ジーメンス（日本ではシーメンス）社製の小型電気車が運転されたのが電気車の始まりだった。

それまで軌道系交通の動力としては、馬、ガスやケーブルなど、さまざまな方法が試みられてきた。大量輸送機関にとって重要な条件である速度や牽引力の面から蒸気機関車が

北海道開拓の村に残る馬車軌道

鉄道の主役となっていたのだが、蒸気機関車は深刻な社会問題を引き起こしてもいた。何しろ、電気車登場以前のロンドンでは地下鉄も蒸気機関車が牽引しており、地下の駅構内が煤で真っ黒になり、飛び散る火の粉でしょっちゅうぼやが起きていた。19世紀後半は産業革命の真っただ中で、ロンドンに限らず、欧米の各都市が工場などの煤煙で覆われているといった有様だったので、電気で走る「煙も火の粉も出さない」車両は世界中の注目を集めることになった。

電気車の登場から2年後の１８８１（明治14）年には、ベルリン市南西のリヒテルフェルデで、世界で初めて路面電車の営業運転が開始された。車両はやはり、ジーメンス社製だった。

続いて１８８３（明治16）年に、フランクフルトやオーストリアのウィーンなどの都市で路面電車が開業した。同年、イギリスのブライトンで開業した路面電車は、現在まで営業を続けている世界最古の路面電車である。

アメリカ大陸初の路面電車の開業は、1883年にカナダ・トロントで、翌年にはアメリカのオハイオ州クリーブランドでアメリカ初の路面電車が運転を開始した。この鉄道は1年で廃止されたが、1888年にはバージニア州リッチモンドで路面電車が開業し、またたく間にアメリカ中に路面電車が広まった。

日本で初めて電車の営業運転を行ったのは京都電気鉄道だった

鉄道の開業では、世界と日本に50年近い開きがあったが、明治も10年代に入ると欧米各国に渡航する日本人が増え、海外の新発明や新技術は間を置かずに日本にもたらされるようになった。「煙をはかない汽車」の情報もたちまち日本に伝わり、1880年代の末には、電気鉄道の建設申請も行われるようになった。東京電燈の技師長で、のちに「日本のエジソン」「電気界の父」と称されるようになった藤岡市助《ふじおかいちすけ》博士も申請を行ったが、当時の政府には電気鉄道に対する認識が足りず、初めの申請はあえなく却下されてしまった。

1890（明治23）年5月4日、藤岡博士らは第3回内国勧業博覧会会場の上野公園に

430メートルの軌道を敷いて、アメリカから持ち帰った路面電車２両に来場者を乗せて運転し、大きな反響を呼んだ。これが日本における初の電車の運転で、電車はその後発展に次ぐ発展を遂げる。ここをスタート地点として、74年後の1964（昭和39）年には、電車列車のひとつの到達点である、東海道新幹線の開業を迎えている。

さて、上野公園での電車初運転から5年後の1895（明治28）年2月1日には、京都電気鉄道が京都市内で日本初となる電車の営業運転を開始した。最初の開業区間は、東洞院塩小路下ル（京都駅北東）を起点に、ほぼ竹田街道に沿って南下し、伏見下油掛（京阪本線中書島駅の北、伏見桃山駅の西）に至る路線だった。

路線が三条や四条などの繁華な市内中心に向かわず、なぜ伏見に至ることになったのかと言えば、伏見が、宇治川や淀川を経由して米や酒の輸送を行ったり大阪へ行き来する旅客を運んだりする「十石舟」「三十石舟」が発着する港町で、陸上交通と水運が接する交通の要衝だったからだ。

東洞院塩小路交差点南西角と、竹田街道（府道115号）と魚屋通の交差点角の伏見駿河屋本店前には、「電気鉄道事業発祥の地」の碑が置かれている。

ところで、1890年代の前半、まず京都に電気鉄道建設の特許が与えられたことについては、次のような理由があった。

①京都電気鉄道の兄弟会社のような存在、京都電燈が、琵琶湖疏水（疏水は利水のための水路のこと）に設けた日本初の営業用水力発電所、蹴上《けあげ》水力発電所が稼働していたので、電車を走らせるための電力が確保できた。

②京都の街路は碁盤の目状で、路線をめぐらせるのに具合がよかった。

③路線は、地元の人々だけでなく、観光客も利用できた。

④平安遷都1100年を記念して、1895（明治28）年に第4回内国勧業博覧会が京都の岡崎公園で開催されることが決定していたため。

⑤首都が東京に移ったことにより、このままでは京都はさびれていくという危機感を抱き、電気や電車という新しい技術を積極的に取り入れるべきだという、進取の精神に富んだ人物がいた。

⑤について補足すると、1889（明治22）年、疏水の水力利用の視察でアメリカを訪れた疏水技師の田辺朔郎《たなべさくろう》と京都市会議員の高木文平《たかぎぶんぺい》は、発電所と電気鉄道を見て、これこそいまの京都に必要なものだという思いを抱いた。彼らは帰国後すぐに発電所と電気鉄道

の建設を京都府知事に進言し、早くも１８９１（明治24）年６月には、蹴上発電所が運転を開始した。

続いて、府知事の諮問を受けた府議会が京都市内の軌道建設を可とする答申を出したことを受けて、高木文平らは１８９３（明治26）年５月に「電気鉄道敷設願書」を当時内務大臣だった井上馨《いのうえかおる》に出願した。

同年７月、待望の建設特許が内務大臣から下付され、翌１８９４（明治27）年２月に高木文平を社長として京都電気鉄道が設立された。すぐに路線の建設が始められ、翌１８９５（明治28）年２月の最初の開業区間に続けて、４月１日には七条～木屋町通～岡崎博覧会場が開業。京都電気鉄道は、その年のうちに木屋町二条から府庁前へ、続いて堀川中立売まで路線を延ばした。

時あたかも日清戦争の最中だったが、日本優勢のうちに終局を迎え、１８９５（明治28）年４月17日に下関条約が調印された。日本は多額の賠償金を得たことと戦勝ムードによって好況を迎え、京都電気鉄道の業績も好調に推移した。京都電気鉄道は毎年10％の株主配当を続け、市内各方面に路線を延伸し、最終的には21・１キロの路線網を有するに至った。

三井寺付近で琵琶湖疎水を渡る京阪電鉄石山坂本線

京都電気鉄道の営業運転に関しては、いかにも事始め的なエピソードが多数ある。当時の新聞記事の中には、真偽が定かではない都市伝説のような話や、思わず眉に唾をつけたくなるような話もあるのだが、嘘のようでいて本当の話もある。

たとえば、最初は決まった停留場がなく、好きな所で乗降できたそうだ。電車の前を「先走り」と呼ばれる告知人が走って、電車が近づいてくるのを通行人に告げていたというのも本当の話だ。告知人の多くは子どもで、電車に轢かれるといういたましい事故もあった。

発電所から送電される電気の電圧は不安定で、急な加速や減速がしばしば起こった。疎水の改修や清掃が行われるときには送電が中止されたため、電車は運休になった。

単線区間に信号はなく、通行ルールもなかったので、両方向から電車が来た場合には早い者勝ちで、時には双方の電車の乗務員や乗客が入り交じって、どちらが後退してどくかのケンカになることもあった。運転ミスによる事故や脱線も多かった……。

物珍しさから、一度は乗ってみたいと大勢の人が電車に乗るためだけに京都を訪れたという。近代化の幕が開けたばかりの時代だった。

N電誕生――ところでN電の「N」とは?

京都電気鉄道は大成功を収めた。日本に電気鉄道建設の機運が到来し、京都市とその周辺だけでも44社もの電気鉄道建設の申請が出された。

申請を受けた京都市はどう対応したかというと、市会は2代目市長の西郷菊次郎《さいごうきくじろう》の意向を反映して民間の建設申請を排除し、市が道路拡張と電気鉄道の敷設を行うことを可決した。可決した案件の中には、京都電気鉄道を買収する案もあった。

1912(明治45)年6月11日、京都市は烏丸線烏丸塩小路(京都駅前)〜烏丸丸太町間3・3キロなど、4路線7・7キロを開業し、続けて千本・大宮線、四条線などを次々に開業していった。路線の延伸が進むにつれて、京都電気鉄道と同じルートを通る区間が生まれ、京都市は京都電気鉄道に路線の共有を申し入れたが、市電の開業によって経営が圧迫されていた京都電気鉄道はこれを拒絶した。

京都電気鉄道は軌間1067ミリの狭軌、京都市電は標準軌の1435ミリで建設されていたから、路線を共有するにしてもどちらかが改軌しなければならないという事情もあった。協議は平行線をたどり、結局共有区間は6線共用ということになった。6線共用とは、1本のレールを共用して、1本ずつはそれぞれが別に使用するといういわゆる3線軌条による共用である。複線区間では6本のレールが並ぶところからこう呼ばれるようになった。

京都電気鉄道と京都市電の併存は約6年続いた。この間、両者の料金体系は別々で、2者を乗り継ぐには通行税を二度払わなくてはならず、市民からは不満の声があがった。京都市は、路線網拡大と均一運賃導入のため、京都電気鉄道に対して買収交渉を行った。紆余曲折はあったものの、業績が悪化していた京都電気鉄道は買収に応じ、1918（大正7）年7月、京都電気鉄道は20年以上続いた歴史に幕を下ろした。

京都電気鉄道が所有していた路線、車庫、変電所などの施設と、開業当初から使用していた1形電車133両、散水車3両はそのまま京都市電に引き継がれた。京都市電では、それまで使用していた車両と区別するため、市電の1形を広軌1形とし、京都電気鉄道の1形を狭軌1形とした。このとき、狭軌1形の車体番号の頭に狭軌（Narrow gauge）の頭文字Nを付けて区別したところから、京都の市電は「N電」と呼ばれて親しまれた。

図2　京都市電路線図

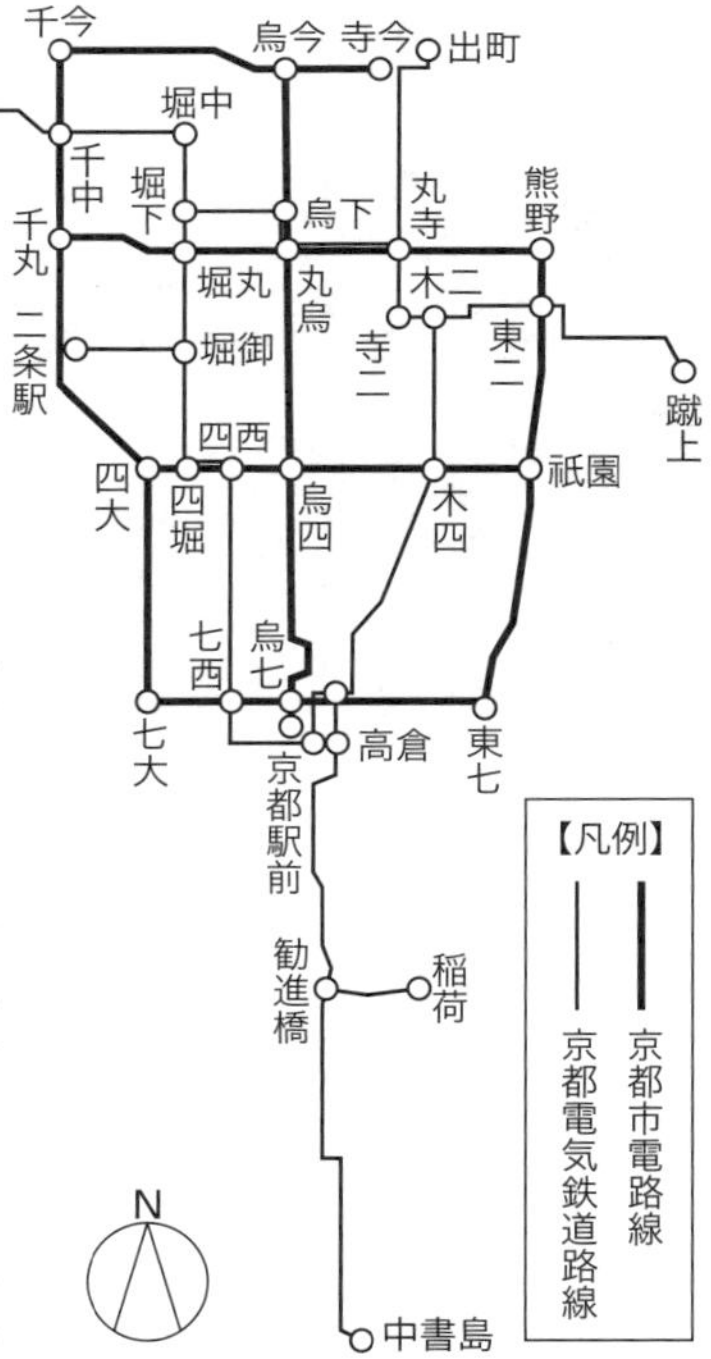

（大正7年、京都電気鉄道買収時の路線）

ただし、「N電」とはあくまでも京都電気鉄道の1形電車が京都市電に移籍した後の呼び名であって、京都電気鉄道時代の電車を「N電」と呼んだり、京都市電の古い車両をすべて「N電」と呼んだりするのは、「ちょっと違う」ということになる。

梅小路公園でチンチン電車として走るN電

電気を売るため、電車を走らせる

前述したように、京都電気鉄道に建設の特許が下付された条件のひとつに蹴上発電所の存在があった。動力として電力が必要だから、なるほどと思う。

東京・銀座に日本初の電灯、アーク灯が灯されたのは1882（明治15）年で、大勢の人が明るい夜を見物に押し寄せた。当時は電気鉄道も電気事業も文明開化のシンボルであり、富国強兵に欠かせぬものと認識されていた。

新時代の新事業である電力事業には多くの実業家が参入し、次々に電力会社が誕生した。明治時代に設立された電力会社は、東京電燈、茨城電気、利根発電、鬼怒川水力電気、王子電気軌道など、東京近郊だけでも十数社にのぼる。会社の数は多かったが、初めは小規模な火力発電や水路式の発電所が中心で、発電量も多くなく、電気事業に関する法律も整備されていなかった。

余談になるが、東京電燈が蔵前に建設した浅草火力発電所では、ドイツ・アルゲマイネ社（現・AEG）製の50ヘルツ供給交流発電機を使用し、関西の大阪電燈はアメリカ・ゼネラルエレクトリック社製の60ヘルツ供給発電機を使用した。これが後年、日本の東西で商用電源の周波数が異なる遠因となった。そのため、鉄道が交流電化を行う場合には、当初はそれぞれの周波数に対応する専用の電気機関車や電車が必要だった。50ヘルツ、60ヘルツ双方の周波数に対応した初めての電車、485系交直両用特急形電車が登場したのは、1968（昭和43）年になってからである。

さて、電力会社が発電を始めても、電気の売り先は極めて少なかった。昭和の初めには都市部の一般家庭にほぼ白熱電球が行き渡り、ラジオもある程度普及したが、地方によっては電気のない地域もあった。家庭の「三種の神器」（白黒テレビ、洗濯機、冷蔵庫）というキャッチコピーが喧伝されたのは昭和30年代に入ってからのことで、それ以前は洗濯は盥《たらい》と洗濯板で行い、掃除ははたきと箒とちりとりで行うものであり、洗濯機がない家庭も多かった。ましてや明治の御代に、電気の売り先などそうそうあるはずもなかった。

蹴上水力発電所がつくった電気の売り先も、事実上京都電気鉄道しかないようなものだった。電車には電気が必要だが、電気会社のほうも電気鉄道を必要としていたのである。そのため、鉄道会社が副業として電力事業を行ったり、電力会社が電気鉄道事業に参画したりといったことが、ごく当たり前に行われていた。

先に挙げた東京近郊の電力会社の例で言えば、東京電燈は前橋電気軌道や江之島電気鉄道（現・江ノ電）などを買収して経営を行っていたことがある。鬼怒川水力電気社長の利光《としみつ》鶴松《つるまつ》は、小田原急行鉄道（現・小田急電鉄）を創立した。王子電気軌道は電灯電力事業を主とし、軌道事業、路線バス事業も行った。王電は東京市に譲渡されて市電～都電となり、現在の都電荒川線の一部となった。このような関係は日本各地で見られた（**表1**）。

しかし、1923（大正12）年9月1日に起きた関東大震災を機に電力会社の統合が進み、1938（昭和13）年の国家総動員法制定後には、電力会社は9社の配電会社に統合されて鉄軌道事業から撤退した。

鉄軌道は陸上交通事業調整法によって地域ごとに整理統合が行われ、電気会社と鉄道会社の蜜月時代は終焉を迎えることになる。

表１　明治～大正期の電力会社と鉄道会社の例

函館水力電気	1911年函館馬車鉄道（1897年開業、現函館市電）を買収 1913年電化　※北海道初の路面電車
盛岡電気工業	1921年花巻電気（1915年開業、のちの花巻電鉄）を合併
大崎水電	1922年松島駅前～五大堂前（のちの松島海岸）開業
利根発電	1912年前橋電気軌道（1910年電化開業、のちの東武鉄道伊香保軌道線）合併
高崎水力電気	1908年群馬馬車鉄道（のちの東武鉄道伊香保軌道線）合併 1910年電化開業 1913年伊香保電気軌道（のちの東武鉄道伊香保軌道線）合併
群馬電力	1924年吾妻軌道合併
東京電力（現・東京電力とは別会社）	1925年群馬電力合併
東京電燈	1921年利根発電、高崎水力電気合併 1921年横浜電軌合併 1928年東京電力合併
川越電気鉄道（旧西武鉄道大宮線）→武蔵水電	1904年川越で電燈事業開始　※埼玉県内初の営利事業による点灯1914年川越電気鉄道合併 1920年川越鉄道（現西武新宿線、国分寺線）合併 1921年西武電軌（のちの都電杉並線）
横浜電気	1911年江之島電気鉄道合併
日本電力	1928年小田原電気鉄道合併
駿豆電気	1906年駿豆電気鉄道（のちの伊豆箱根鉄道軌道線）開業
京都電灯	1918年嵐山電気軌道（現・京福電気鉄道）合併
神戸電気鉄道（のちの神戸市電）	1913年神戸電燈合併
兵庫電気軌道（現・山陽電鉄）	1927年宇治川電気と合併
和歌山水力電気	1909年和歌山市内で軌道線（のちの南海電気鉄道和歌山軌道線）を開業
四国水力電気	1917年東讃電気軌道（のちの高松琴平電鉄市内線）買収
九州電気軌道	北九州で軌道事業（のちの西日本鉄道北九州線）を運営
福博電軌（のちの西鉄福岡市内線）→博多電燈軌道→九州電燈鉄道	1911年博多電燈合併、博多電燈軌道に 1912年九州電燈合併、九州電燈鉄道に 1922年関西電力と合併し、東邦電力に
九州水力電気	1912年博多電気軌道（のちの西日本鉄道福岡市内線）買収
豊後電気鉄道（のちの大分交通別大線）→九州水力電気	1907年大分水力電気買収 1915年豊後電気鉄道合併

「エレキに当たる!?」風評被害で倒産した鉄道会社

京都電気鉄道開業3年後の1898（明治31）年5月に、日本で2番目の電気鉄道となる名古屋電気鉄道（のちの名古屋市電）が開業した。続いて、翌1899（明治32）年1月に大師電気鉄道（現・京浜急行電鉄）、1900（明治33）年3月に小田原電気鉄道（現・箱根登山鉄道）、同年5月に豊州電気鉄道（のちの大分交通別大線）、1902（明治35）年9月に江之島電気鉄道（現・江ノ島電鉄）、1903（明治36）年8月の5日に宮川電気（のちの三重交通神都線）と、開業が続いた。8番目の電気鉄道として東京電車鉄道（現・東京都電）が開業したのは、宮川電気の開業から17日後の8月22日で、その3週間後の9月12日には大阪市工務課（のちの大阪市電）が開業した。

これらの電気鉄道はすべて軌道電車、つまり路面電車だった。ちなみに初めて電車運転を行った鉄道路線は甲武鉄道（現・JR中央線）で、1904（明治37）年8月21日に飯田町（現・廃止）～中野間で電車の運転を開始している。

この日本の電車史の幕開け時代には、先に紹介した京都電気鉄道のエピソード同様、珍談奇談や「日本初」の話が山とあるので、少し紹介しよう。

日本の鉄道は左側通行が基本だが、名古屋電気鉄道は開業から8年ほどの間は、右側通

図3　宮川電気（三重交通神都線）路線図

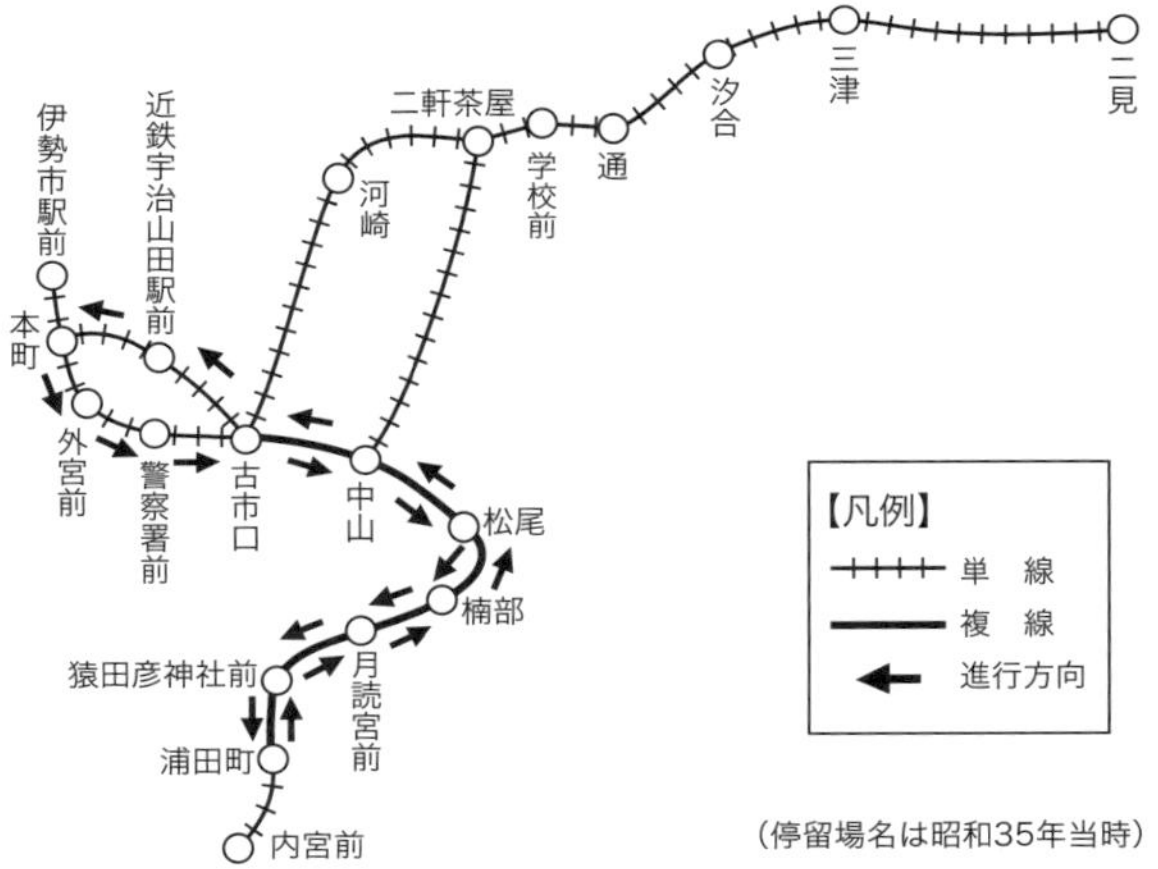

行で運行されていた（なぜなのか気になるが、理由は突きとめられなかった）。

宮川電気も右側通行だった。これは、伊勢神宮の参拝者の流れ——外宮に参拝した後で内宮に向かう——に合わせた結果だった。

関東初の電気鉄道となった大師電気鉄道は、日本の営業路線で初めて標準軌１４３５ミリの軌間を採択した。

小田原電気鉄道は、日本で初めて馬車鉄道から路面電車に転換した鉄道となった（前身は小田原馬車鉄道である）。

豊州電気鉄道は、大分と別府を結ぶ都市間鉄道として開業したが、当時はまだ電気に関する世間の知識が薄く、「エレキ（電気）で走る電車に乗ると耳が聞こえなくなる」とか、

「エレキに当たらないよう、電車に乗るときはゴム靴か下駄を履かなければならない」といった噂が広がって客足が遠のいた。競合する乗合馬車に比べて運賃が高かったなどの事情もあったようだが、同鉄道は開業6年目に、あろうことかエレキの風評被害によって倒産してしまった。

倒産後すぐに豊後電気鉄道という会社が設立されて業務の一切を引き継ぎ、路線を存続させることが決まると、新会社は電車の構造や電気に関する説明会を開くなどして、風説の払拭に努め、料金値下げやスピードアップを図って、乗合馬車に流れた乗客を取り戻した。乗客の増加を図るため、沿線の仏崎に長洲観音を迎えて参詣客を呼び込む等の努力を重ねた結果、営業成績が上向いて、その後別府から亀川までの路線延長も果たした。

最初に開業した電気鉄道の7事業体を見ると、現在の市電に相当するような都市市街地の路面電車は、実に京都と名古屋の2例だけだ。大師電気鉄道は川崎大師の、宮川電気は伊勢神宮の参詣客を見込んで建設されたものであったし、小田原電気鉄道は箱根の温泉客や観光客の輸送を、江之島電気鉄道は江ノ島、鎌倉の観光客や参詣客の輸送を目当てに建設された。豊州電気鉄道は都市間輸送路線として建設されてはいるが、当然、別府の温泉客輸送も想定されていた。

このように、路面電車の黎明期、発展期には、人々が集まりそうな場所に向けて路線が建設されている。その代表例が、宮川電気（伊勢神宮）などに見られる寺社参詣路線であり、温泉や名所旧跡に向かう路線である。東京や大阪、横浜や神戸などの大都市の市電よりも先に、路面電車は名だたる寺社や温泉地に向けて建設されていたのだ。

路面電車で寺社詣で

曹洞宗の古刹、可睡齋《かすいさい》に向かう静岡電気鉄道（のちの静岡鉄道秋葉線）、能勢妙見宮への参拝者輸送のために建設された能勢電気鉄道（現・能勢電鉄）なども、寺社参詣のために建設された路面電車である。

寺社参詣路線の代表的な例として、琴平参宮電鉄の事例を挙げよう。古くから海上交通の守り神として信仰を集めていた金比羅様の総本宮、金刀比羅宮に向けては、１９３３（昭和８）年から１９４４（昭和19）年の間、実に４本もの路線がしのぎを削っていた。その中で、路面電車として開業したのが琴平参宮電鉄である。

金刀比羅宮の参詣路線として初めに開業したのは讃岐鉄道（現・ＪＲ予讃線、土讃線）

図4　琴平参詣3社路線図

の高松～琴平間だった。これが、１８９７（明治30）年のことだ。その後は、

１９２２（大正11）年、琴平参宮電鉄が丸亀通町～善通寺間で運行を開始。

１９２３（大正12）年、同じく琴平参宮電鉄が善通寺～琴平間を開業。

１９２７（昭和２）年、琴平電鉄（現・高松琴平電気鉄道琴平線）が高松～琴平間を開業。

１９３０（昭和５）年、琴平急行電鉄が坂出～電鉄琴平間で電車の運転を開始。と、開業が相次いだ。

琴平参宮電鉄は坂出や多度津に路線を延ばし、瀬戸内海航路の船に連絡して、各港から善通寺や金刀比羅宮へと参詣者を運んだ。地元では「ことさん電車」と呼ばれて親しまれ、女性の運転士やガイドガール（案内の女性）の登用で人気を集めたといい、路面電車としては相当ながんばりを見せていた。しかし、昭和10年代からは軍需輸送のあおりを受けて資材不足や人手不足に悩まされる。１９４０（昭和15）年前後からは、寺社詣でなどは「不要不急の旅行」とされ、乗客が目に見えて減っていった。

終戦後数年を経て世の中が落ち着きを取り戻すと、金刀比羅宮への参詣者も再び増加したが、琴平参宮鉄道は、今度は自社のバス路線に客を奪われてしまう。モータリゼーションの進展と相まって営業不振の憂き目に遭い、とうとう１９６３（昭和38）年９月に全路線を廃止して、バス会社に転換した。

路面電車で温泉へ

かつて、全国には路面電車で行くことができる温泉が多数あった。名だたる温泉地へ路面電車で行ける、夢のような時代があったのだ。

岩手の花巻電気は西鉛温泉に向かう軌道線のほかに花巻温泉行きの鉄道線も運行していた。軌道線が走る道は未舗装で、道幅は狭いところでは5メートルほどしかなかったが、

1969年9月、花巻電鉄軌道線廃止日の「馬づら電車」（撮影・菅原唯夫）

れっきとした併用軌道の路面電車だった。車両は道幅に合わせてあり、幅が1600ミリという極細車体。車内幅は、向かい合う乗客の膝同士がぶつかるほどの1360ミリしかなかった。正面から見ると前面が馬の顔のように細長く見えるため、「馬づら電車」と呼ばれて地元の人や温泉客に親しまれていた。

渋川から伊香保温泉に向けて建設された伊香保電気軌道は、まるで登山鉄道のような路線だった。伊香保温泉は榛名山の中腹、標高700メートルほどのところにあり、500メートル以上の標高差をクリアしなければならなかったからだ。

最急勾配は66パーミル、平均勾配は42パーミル。カーブは87カ所あり、4カ所のスイッチバック式の行き違い設備、5カ所の安全側線などを備え、

榛名山腹大日向付近を進む東武伊香保軌道線（撮影・田部井康修）

車両は通常の手動ブレーキと発電ブレーキのほか、非常用の電磁ブレーキも備えていた。

山岳路線だけに車窓からの景観はすばらしかったようだ。小説『不如帰』で知られる明治の文豪、徳冨蘆花《とくとみろか》は、伊香保電気軌道からの眺めについて「天に上る夢を見て居るかのよう」と記している。

温泉めぐりは古くから日本人の愉しみだった。2例だけ挙げたが、温泉行きの路面電車はこんなにあったのかと、つくづく惜しまれる。花巻や伊香保などでは、いまからでも路面電車を復活させれば、需要を満たしつつ人気も確保できそうな気がする。

現在運行中の路面電車で温泉行きといえば、函館市電の湯の川温泉行き、伊予鉄道の道後温泉行きなどだろう。伊予鉄の「坊っちゃん列車」の例のように、路面電車を観光誘致の方法として採択する事業体や自治体がもっと増えるといいのだが。

そこに駅がないから……

路面電車は、鉄道駅と市街地中心部が離れている場合の連絡線として誕生することもあった。まず名鉄岡崎市内線の例を引こう。

鉄道開業時代、官設鉄道東海道本線の岡崎駅は岡崎市の中心部から4キロほど離れた場所に設けられたのだが、これは旧東海道筋の宿場町が鉄道建設に反対したからというわけではなかった。そもそも明治新政府の幹線鉄道建設の目的は、東京と京都を結ぶことにあり、東西を結ぶ幹線のルートとしては、当初は中山道沿いのルートが考えられていた。日本初の鉄道開業区間の新橋～横浜間は、あくまで首都東京と開港場を結ぶための「中山道線の支線」という位置付けだった。

東海道筋の各都市にとっては幸いなことに、中山道筋には碓氷峠越えなどの難所があって、当時の技術では建設が難しいことが判明するなどしたために、結局、幹線鉄道は東海道筋に変更されて建設された。路線は旧街道に沿って建設されたわけではなく、地方各都市のことは考慮に入れないまま、当時の技術で無理なく建設できるルートが選ばれたのである。

市の中心部と離れたところに駅ができてしまった岡崎では、有志が集結して、１８９９（明治32）年に岡崎駅前と市内を結ぶ馬車鉄道を建設した。１９１２（大正元）年には電車の運転を開始。１９４１（昭和16）年には名古屋鉄道と合併して名鉄岡崎市内線となったのだが、１９６２（昭和37）年にバスに転換されて廃線になった。

中国地方で最初の路面電車は、１９０９（明治42）年２月に開業した岩国電気軌道だった。

なぜ岩国だったかと言えば、岩国は「日本のエジソン」で「日本の路面電車の生みの親」、藤岡市助博士の出身地だったからだ。藤岡博士は郷里の岩国駅が市街地から４キロも離れていることに思い当たって、岩国電気軌道を設立した。しかし、岩国電気軌道の路線にほぼ並行する形で鉄道省の岩徳線（現・ＪＲ岩徳線）の建設が決定して、岩徳線開業の１９２９（昭和４）年４月に岩国電気軌道は廃止された。中国地方で最初に開業した路面電車は、日本で最初に廃止された路面電車になってしまった。

もう１例挙げよう。１８９４（明治27）年に関西鉄道（現・ＪＲ関西本線）が開業して設けられた桑名駅は街の中心部から離れていたため、路面電車が建設されることになった。桑名電軌の路面電車が実際に開業したのは桑名市による道路建設が完成した後の1927（昭和2）年9月で、その時点では桑名駅の場所が移転していたため、開業区間は駅前と本町を結ぶわずか1キロという、日本で一番短い路面電車となった。

路線は全線単線で、1キロの間に四つも停留場があり、起終点間の所要時間はわずか4分だった。桑名電軌には壮大な路線網を敷設する計画があったともいうが、路面電車は1キロの路線を行ったり来たりの日々を送った挙げ句、太平洋戦争末期に「不要不急路線」とされて、1944（昭和19）年に廃止されてしまった。

ここで挙げた路面電車はいずれも廃止になってしまったが、交通の空白地帯を解消して住民の利便性を図る役割を担って登場した。その意味では、現代のコミュニティバスやミニバス、地域の乗り合いタクシーなどに似ているところがある。

東急田園都市線は砂利運搬軌道だった

前項で紹介した岩国電軌は貨車も所有しており、客車に連結して石炭や反物などを輸送していた。このように路面電車で荷物を運ぶと聞くと、少し不思議な感じがするかもしれないが、実は貨物輸送を行っていた路面電車は全国に相当数あったし、貨物輸送を主たる目的として建設された路線もあった。

福島交通では電動車が貨車を牽引する貨物列車が運転されていた。また、札幌市電のルーツは札幌石材馬車鉄道という会社だった。豊平川上流の石切山で切り出した石材を市内に運ぶために軌道が敷設されたのだ。

花巻電気の大沢温泉〜西鉛温泉間は、豊沢川上流の鶯沢で産出する硫黄を運ぶための馬車鉄道が始まりで、一般の乗客も運ぶ温泉軌道を経て、花巻電鉄の前身盛岡電気工業に合併された後で電車運転に切り替えられた。

仙台と秋保《あきう》温泉を結んでいた秋保電気軌道も、石材の運搬と温泉客の輸送を兼ねて設立された会社だ。日光電気軌道（のちの東武鉄道日光軌道線）は、古河鉱業が経営していた製銅所の資材運搬と通勤輸送も担っていた。また、横浜電気鉄道（のちの横浜市電）は、千代崎町にあった（現在は生麦に移転）キリンビールの工場に引き込み線を建設して、貨物電車でビールの輸送を行っていた。

首都圏で人気の高い通勤通学路線の一つ、東急田園都市線も、意外や意外、元をたどれば貨物用の路面電車として建設された路線だった。三軒茶屋や二子玉川、たまプラーザといった、いかにも華のある街や人気の住宅地が連なる路線で、いったい何を運んでいたのかと思われるだろうか。

東急田園都市線の前身は東急電鉄玉川線、通称「玉電」で、東急電鉄と合併する前は玉川電気鉄道、さらにその前は玉川砂利電気鉄道という会社だった。そう、建築資材として用いる多摩川の砂利運搬のために設立された会社だったのだ。

玉川電気鉄道の開業は1907（明治40）年で、3月に道玄坂上と三軒茶屋間が開通し、順次路線を延ばして、8月に渋谷〜玉川（現・二子玉川）間が開通した。列車は電動客車が砂利を積んだ貨車を引っ張るというスタイルで、玉川通り上を渋谷駅に向かっていた。渋谷に向かう電車が川砂利を運ぶ――これだけでもにわかには想像しがたい話なのだが、玉電の渋谷駅には砂利運搬貨車の留置線が設けられ、周辺は砂利の集積場となっていたというから驚く。渋谷区道玄坂一丁目、いま、渋谷マークシティがあるあたりの話だ。

若松市運輸部（のちの北九州市交通局）が運営していた軌道も面白い。市が運営していたのだから間違いなく「市電」なのだが、この市電は市民を乗せない市電だった。

1936（昭和11）年5月に開業した路線は、若松駅と、駅北側一帯に広がる工業地帯を結んでいた。いろいろな工場や埠頭に引き込み線を延ばしていたため、臨港鉄道のよう

嵐電の電車で運ばれるヤマト運輸のカーゴ

なイメージを抱いてしまうのだが、若松市電は、市が所有する凸型の電気機関車が国鉄（開業当時は鉄道省）の石炭車などの貨車を牽引して、若松駅から北に延びる中川通りの路上に設けられた併用軌道上をゆるゆると進む、「路面貨物列車」だった。

若松市電は、戦前は軍需産業の燃料、資材、製品の輸送に、戦後は石炭産業や戦後復興に向けた工場製品の輸送にと活躍したが、石炭から石油へとシフトしたエネルギー革命の影響で輸送量が減り、経営は徐々に悪化していったという。高度経済成長が一段落した１９７５（昭和50）年11月、貨物だけをひたすら運び続けた市電は、ひっそりと姿を消した。

このようにして、日本中で一度は消えかけた路面電車による貨物輸送だが、それから36年を経た2011（平成23）年5月、京都の嵐電（京福電気鉄道）とヤマト運輸が提携して、路面電車による宅配便輸送を開始した。貨物の輸送手段の転換――文字どおりのモーダルシフト（Modal shift＝二酸化炭素排出削減のため、人や貨物の輸送手段を転換すること）である。

嵐電とヤマト運輸による貨物輸送は、CO_2の削減や交通渋滞の緩和に貢献するシステムとして、「平成26年交通関係環境保全優良事業者等大臣表彰」を受賞した。

旭川から那覇まで、日本全国100以上の市町村で走っていた

前項まで、寺社参詣や温泉行き、貨物輸送など、さまざまな目的で建設された路面電車の例を眺めてきたが、では、都市の市内電車としての路面電車はどのように成立してきたのだろうか。

大都市から見ると、現在の政令指定都市20市の中で路面電車が走っていなかった都市は、千葉市、相模原市、浜松市の3市で、他の17都市には路面電車が建設されたことがある。現在も路面電車が走っているのは、札幌、京都、大阪、堺、岡山、広島、熊本。仙台、川崎、横浜、名古屋、神戸では、市電が運転されていた。新潟市では、新潟電鉄（現・新潟

交通）が県庁前（白山前）〜東関屋間を結んでいた。静岡市では静岡電気鉄道（現・静岡鉄道）が静岡と清水で市内線を運行していた。北九州市と福岡市では、西日本鉄道が市内線を運行していた。

いまでは知らない人のほうが多いかもしれないが、現在のさいたま市でも路面電車が走っていたことがある。１９０６（明治39）年から１９４１（昭和16）年まで、大宮と川越を結んで、川越電気鉄道（旧西武鉄道大宮線）が路面電車の運転を行っていたのだが、鉄道省が大宮と高麗川《こまがわ》を結ぶ川越線を開通させた１９４０（昭和15）年を境目として、廃止が決まった。もう80年近くも前のことではあるが、関東で暮らす人間としては、現在のさいたま市に路面電車が残っていたら、いまごろ最新のＬＲＴになっていたかもしれないと、残念でならない。

また、現在の京成電鉄の前身、京成電気軌道は「軌道法」で千葉線を建設したのだが、京成線の併用軌道区間は四ツ木〜立石間だけで、千葉市内は新設軌道だった。

一方、浜松市を走る遠州鉄道の前身は浜松軌道や遠州軌道という会社だったが、軌道時代は電化されておらず、路面電車は走っていなかった。

このように、現在の47都道府県庁の所在地を見ても、路面電車が走っていなかった都市

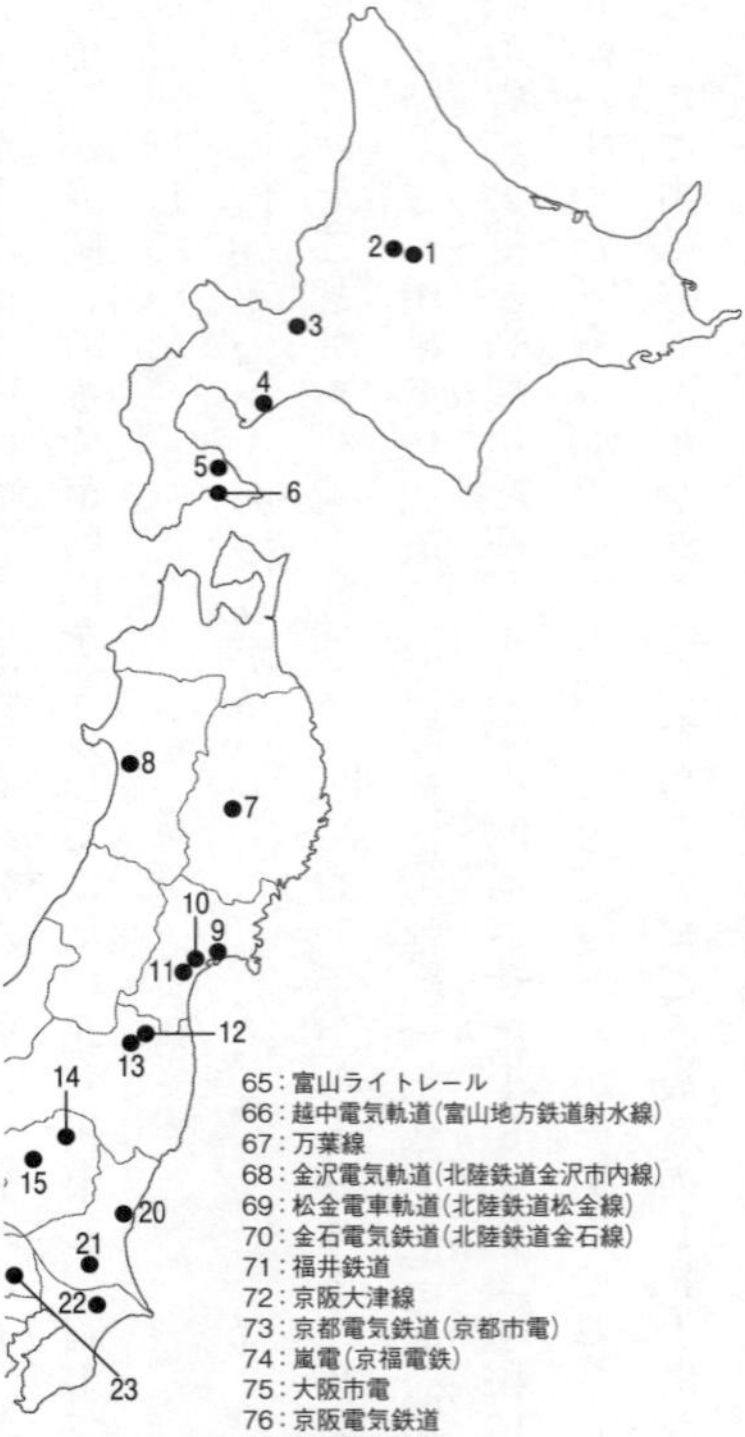

1：旭川電気軌道
2：旭川市街軌道
3：札幌市電
4：登別温泉軌道
5：大沼電鉄
6：函館市電
7：花巻電鉄
8：秋田電気軌道（秋田市電）
9：大崎水電（松島電車）
10：仙台市電
11：秋保電気軌道
12：福島電気鉄道
13：福島飯坂電気軌道（福島交通）
14：塩原電車
15：日光電気軌道（東武日光軌道線）
16：前橋電気軌道（東武前橋線）
17：高崎水力電気（東武高崎線）
18：伊香保電気軌道（東武伊香保線）
19：吾妻軌道
20：水浜電車（茨城交通水浜線）
21：常南電気軌道
22：成宗電気軌道
23：川越電気鉄道（西武大宮線）
24：本庄電気軌道
25：京成電気軌道（京成電鉄）
26：東京電車鉄道（東京都電）
27：東京市街鉄道（東京都電）
28：東京電気鉄道（東京都電）
29：城東電気軌道（東京都電）
30：西武軌道（都電杉並線）
31：京王電気軌道（京王電鉄）
32：武蔵中央電気鉄道（京王電鉄）
33：王子電気軌道（都電荒川線）
34：玉川電気鐵道（東急玉川線、世田谷線）
35：大師電気鉄道（京急電鉄大師線）
36：海岸電気軌道
37：川崎市電
38：横浜市電
39：江ノ島電鉄
40：小田原電気鉄道（箱根登山鉄道）
41：山梨電気鉄道
42：伊那電車軌道（ＪＲ飯田線）
43：筑摩電気鉄道（松本電鉄）
44：上田温泉電軌（上田交通）
45：新潟電鉄（新潟交通）
46：駿豆電気鉄道（伊豆箱根鉄道駿豆線）
47：静岡鉄道清水市内線
48：静岡鉄道静岡市内線
49：静岡鉄道秋葉線
50：豊橋鉄道東田本線
51：名古屋電気鉄道（名古屋市電）
52：尾張電気軌道（名古屋市電）
53：熱田電気軌道（名古屋市電）
54：名古屋土地軌道部（名古屋市電）
55：下之一色電車軌道（名古屋市電）
56：築地電軌（名古屋市電）
57：瀬戸電気鐵道（名鉄瀬戸線）
58：岡崎電気軌道（名鉄岡崎市内線）
59：名古屋鉄道起線（名鉄起線）
60：美濃電気軌道
（名鉄岐阜市内線、田神線、美濃町線）
61：岩村電気軌道
62：桑名電気
63：宮川電気（三重交通神都線）
64：富山地方鉄道市内線
65：富山ライトレール
66：越中電気軌道（富山地方鉄道射水線）
67：万葉線
68：金沢電気軌道（北陸鉄道金沢市内線）
69：松金電車軌道（北陸鉄道松金線）
70：金石電気鉄道（北陸鉄道金石線）
71：福井鉄道
72：京阪大津線
73：京都電気鉄道（京都市電）
74：嵐電（京福電鉄）
75：大阪市電
76：京阪電気鉄道
77：阪堺電気軌道
78：阪堺電鉄（大阪市電）
79：阪神電気鉄道（阪神電鉄本線）
80：阪神国道電気
81：箕面有馬電気軌道（阪急電鉄）
82：阪神急行電鉄北野線（阪急北野線）
83：能勢電気鉄道
84：神戸電気軌道（神戸市電）
85：兵庫電気軌道（山陽電鉄）
86：和歌山水力電気（南海和歌山軌道線）
87：龍野電気鉄道（播電鉄道）
88：米子電車軌道
89：岡山電気軌道
90：呉市電
91：広島電鉄
92：岩国電気軌道
93：山陽電気軌道

図5　路面電車日本全図

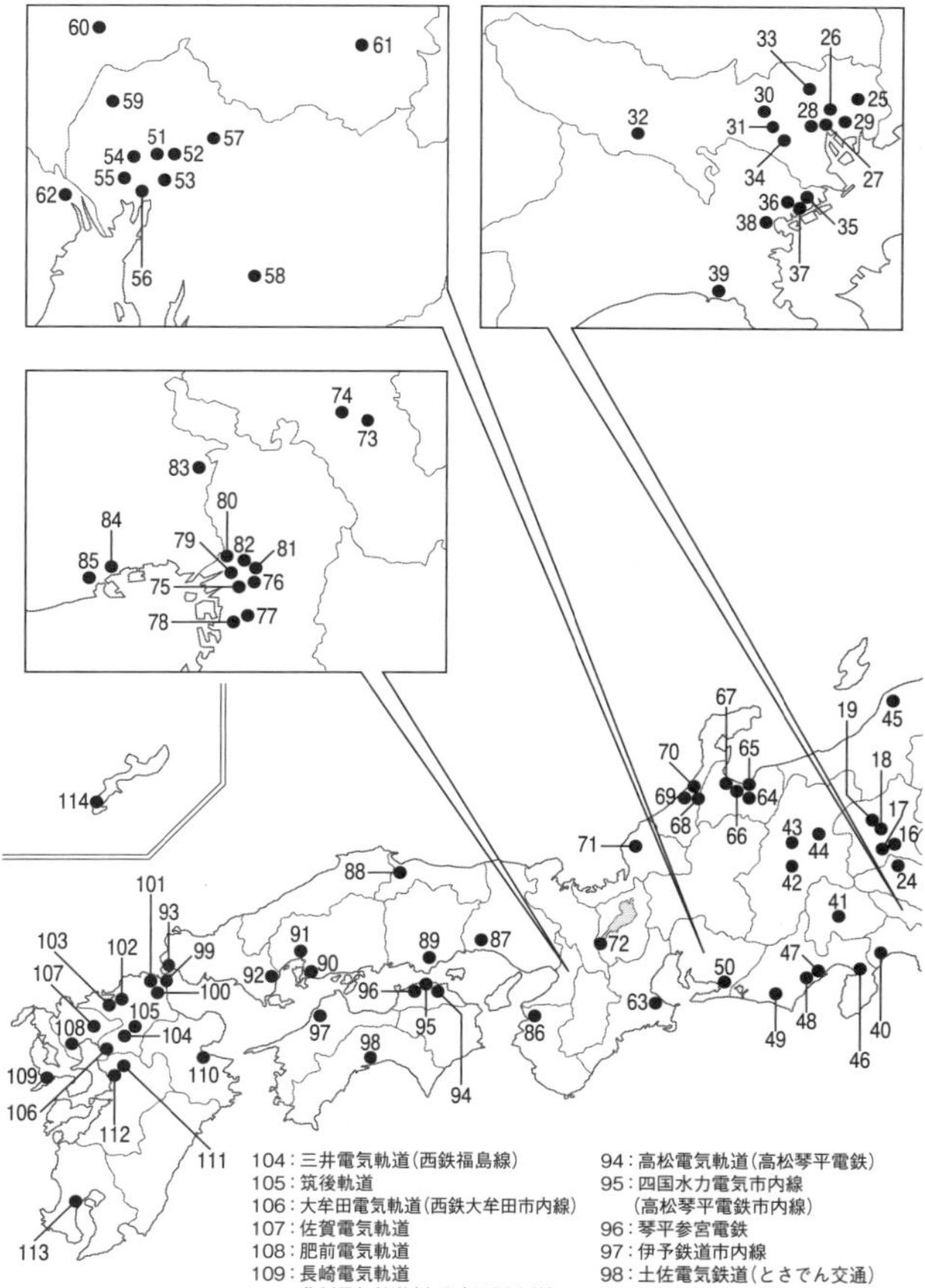

104：三井電気軌道（西鉄福島線）
105：筑後軌道
106：大牟田電気軌道（西鉄大牟田市内線）
107：佐賀電気軌道
108：肥前電気軌道
109：長崎電気軌道
110：豊州電気鉄道（大分交通別大線）
111：菊池軌道（熊本電鉄）
112：熊本市電
113：鹿児島市電
114：沖縄電気軌道

94：高松電気軌道（高松琴平電鉄）
95：四国水力電気市内線
（高松琴平電鉄市内線）
96：琴平参宮電鉄
97：伊予鉄道市内線
98：土佐電気鉄道（とさでん交通）
99：門司築港
100：九州電気軌道（西鉄北九州市内線）
101：若松市運輸部（北九州市交通局）
102：福博電気軌道（西鉄福岡市内線）
103：博多電気軌道（西鉄福岡市内線）

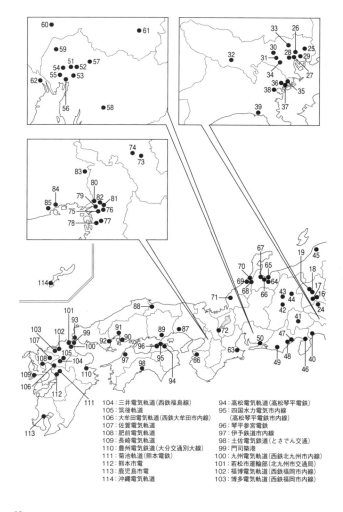

は、青森市や宮崎市などの11市だけで、全体の4分の3の都市で路面電車が走っていた。大正時代から昭和30年代くらいにかけては、全国各都市で路面電車が都市公共交通の中核となっていて、通勤通学、買い物、通院など、市民の日常の足として活躍していたのだ。

路面電車は大都市ばかりでなく、宮城・松島町、本庄市、恵那市、呉市、大牟田市などの地方都市でも走っていたのだが、その中で特に興味深いのが、群馬県渋川市の例である。明治時代の終わりから大正時代にかけての渋川は、5本もの軌道線が乗り入れる路面電車の一大ターミナルだったのだ（表2・図6）。

しかも1921（大正10）年7月には上越南線（現・JR上越線）の新前橋～渋川間が開業して、この時点で、渋川には6路線もの鉄軌道が集結することになった。

1924年（大正13）年3月、上越南線の渋川～沼田間の開業を受けて利根軌道は廃止となり、1934（昭和9）年に吾妻軌道も廃止されたが、残りの3軌道は東武鉄道に合併されて、1950年代の中ごろまで営業運転を行っていた。1945（昭和20）年には長野原線（現・JR吾妻線）が渋川～長野原（現・長野原草津口）間で開業し、再び渋川に5路線が集結している。

表2　群馬県渋川市の軌道線

前橋電気軌道	前橋駅前～渋川駅前	1890（明治23）年7月14日開業、 1910（明治43）年10月9日電化開業
高崎水力電気	高崎駅前～渋川新町	1893（明治26）年9月1日開業、 1910（明治43）年9月24日電化開業
伊香保電気軌道	渋川駅前～伊 香 保	1910（明治43）年10月16日開業
利根軌道	渋川駅前～沼　　田	1911（明治44）年4月15日開業、 1918（大正７）年1月21日電化開業
吾妻軌道	渋川駅前～中 之 条	1912（明治45）年7月22日開業、 1920（大正９）年11月3日電化開業

図6　群馬県渋川市の軌道線路線図

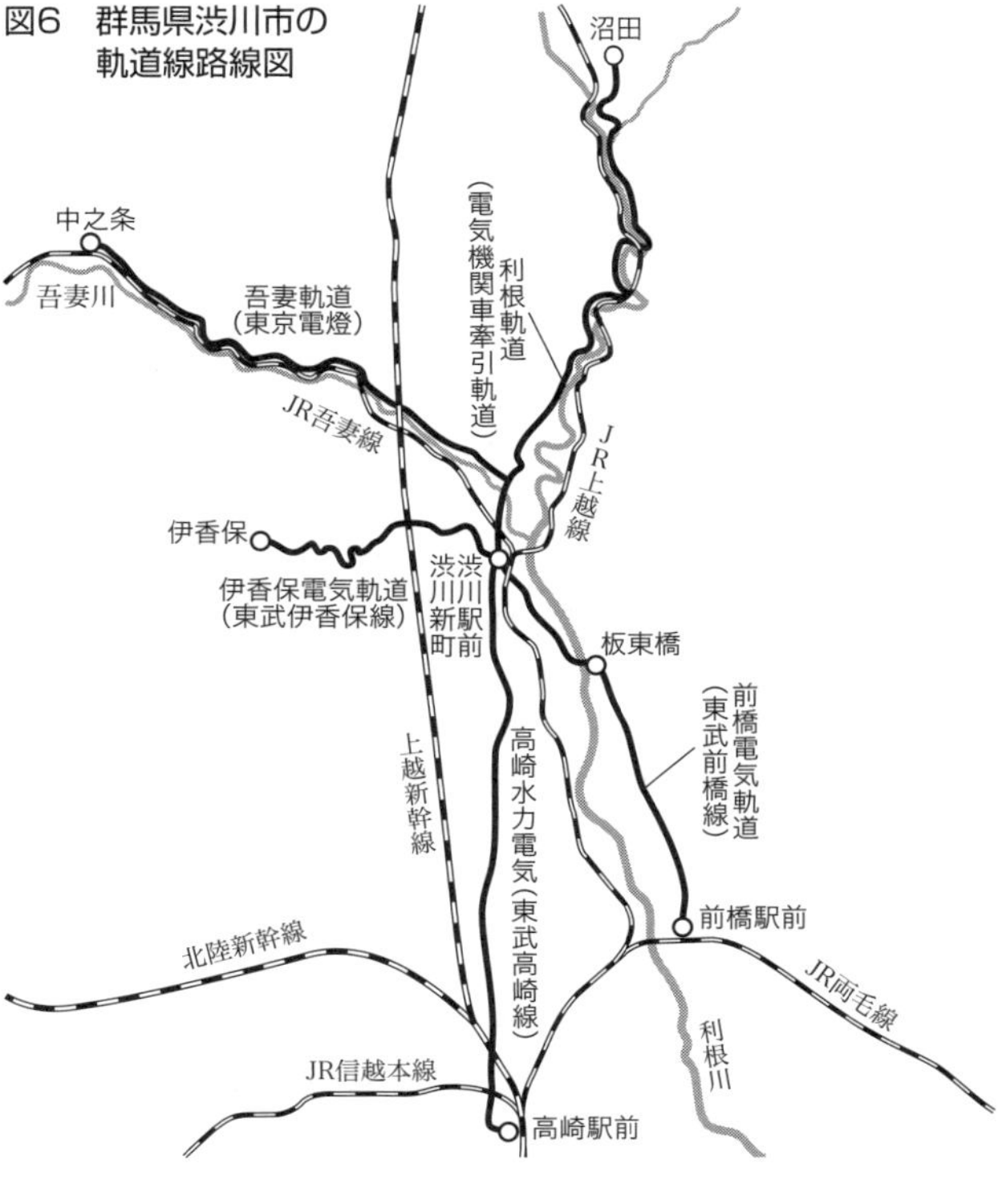

県都でもない一地方都市がこれほどの鉄道の要衝となることは、そうあることではないだろう。理由としては、渋川が群馬県北部の中心都市であること、関東と新潟を結ぶ三国街道の要衝だったこと、周辺に伊香保、川原湯、四万《しま》、草津などの名湯を抱えていて、旅行者や湯治客の利用が極めて多かったことなどが考えられる。

1921（大正10）年ごろに渋川駅前や渋川新町に立てば、5方面からの路面電車が入れ替わり立ち替わり到着しては出発していくという、路面電車の発展期の象徴のような華やかな出入りを目にすることができたことだろう。

このように、「軌道条令」や「軌道法」にはさまざまな制約があるにもかかわらず、建設申請や資金調達の簡便さなどに触発されて、北海道から沖縄まで、それこそ日本中に軌道が敷設された。それが、路面電車の「誕生期」に起こったことで、路面電車は各地でそれぞれの発展ぶりを見せた。地方自治体の合併などもあって正確な数字は出しづらいが、総合すると、これまでに実に100以上の市町村で路面電車が走っていたと言えるだろう。

第3章
衰退する路面電車

都電最盛期には、40系統、213・7キロの路線があった

前章で見てきたように、かつて路面電車は大都市から寺社の門前、温泉地まで、日本全国津々浦々に路線網を広げていた。全盛期は1950年代の中ごろ——昭和30年前後のことで、その後は急速に廃止が進み、気がつけば現在の19事業体にまで減ってしまった。

なぜ発展を続けていた路面電車が一転して衰退へと向かい、廃止されてしまったのだろうか。その理由を探るべく、日本最大の路線網を誇っていた東京都電を例にして少し顛末を追ってみよう。

民営で始まった東京の路面電車は、1911（明治44）年に公営化されて、2018（平成30）年には開業から117年目を迎えた。その間には、関東大震災があり、太平洋戦争があり、東京オリンピックがあった。

最盛期の1950年代後半には、路線の総延長は213・7キロに達し、40系統もの路線が都心部のほぼ全域をカバーしていた。ところが、ピークからわずか20年ほどの間に、路線は荒川線1路線だけ、わずか12・2キロとなってしまった。その差は201・5キロ。東海道本線にたとえれば、実に、東京駅から藤枝あたりまでに相当する路線が消えてしまったことになる。

東京の路面電車は3社競合で始まった

さかのぼれば、東京に電気鉄道が開業したのは、京都に遅れること8年後の１９０３（明治36）年だった。開業がそこまで遅れたことについては、東京市に電気鉄道の建設申請の出願を行った会社が三十数社にものぼり、互いに足の引っ張り合いをしていたこと、東京市議会も市営派と民営派に分かれ、なかなか結論を導き出せなかったこと、時の二大政党、自由党と進歩党との政争の具とされたことなどが理由として挙げられる。

結局、１９００（明治33）年になってようやく、東京電車鉄道、東京市街鉄道、東京電気鉄道の３社に建設の認可が下り、各社はこぞって電気鉄道の建設に取りかかった。

東京電車鉄道は東京馬車鉄道を改称した会社で、東京市民からは「電鉄」や「東電」と呼ばれていた。開業は１９０３（明治36）年8月で、最初の開業区間は、馬車鉄道時代から営業を行っていた品川〜新橋間だった。続いて11月には、銀座通りから日本橋へと東京のメインストリートを結んで、新橋〜日本橋〜万世橋〜上野間が開業した。これで、官営鉄道のターミナル新橋駅と日本鉄道のターミナル上野駅とが電車で結ばれることになった。１９１２（明治45）年に中央本線が万世橋駅まで延伸した際には、国有鉄道の３路線を結ぶ路線となり、常に大勢の乗客で混雑を極めていたといわれている。電鉄はその後、当時東京随一の繁華街だった浅草へ線路を延ばしていった。

建設にあたり、東京電車鉄道は馬車鉄道時代の軌間1372ミリをそのまま踏襲したため、現在の都電荒川線に至るまで、東京の路面電車の軌間は1372ミリが使われている。

「街鉄」こと東京市街鉄道は、雨宮敬次郎の東京電車鉄道（東京馬車鉄道後進の東京電気鉄道とは別会社）、藤山雷太の東京電気鉄道（のちの東京電気鉄道とは別会社）、利光鶴松（小田急電鉄創業者）の東京自動鉄道という、明治の実業家、投資家が設立した3社が合併して誕生した会社で、まず1903（明治36）年9月に、数寄屋橋～日比谷～大手町～神田橋の路線を開業した。その後は両国や新宿へと路線を延ばし、3社の中で最も長い路線を有するようになった。

東京電気鉄道の前身は川崎電気鉄道という社名で、青山、目黒、池上など東京の城南地区から川崎方面への路線建設を申請し、その後宮城《きゅうじょう》の外濠を回る路線も許可された。1904（明治37）年12月には、土橋から溜池、赤坂見附、四谷見附、飯田橋、御茶ノ水と、外濠沿いに線路を敷設し、「外濠線」と呼ばれることになった。

路線の延ばし具合ひとつ取っても、3社それぞれに個性があり、市民にもおのおの贔屓《ひいき》の会社があったようだ。

文豪に愛された路面電車

作家の獅子文六は外濠線をひいきにしており、「車体が美しく、クリーム色とエビ茶色に塗られ、（中略）車内照明の電灯の数が多く、朝顔型のホヤがついているのが、デラックス気分だった。」（『ちんちん電車』）と書いている。獅子文六によれば、街鉄は「ヤボな電車で、子供に人気がなかった」そうで、「雨敬などというボス的人物が、関係しているためか、新聞でよく叩かれ、そんなことも、子供ごころに響いていたかも知れない。」という。

「雨敬」こと雨宮敬次郎は甲州財閥のひとりで、「投機界の魔王」などと呼ばれた実業家だ。鉄道建設にも積極的で、甲武鉄道や北海道炭礦鉄道の取締役になった。晩年には大日本軌道を設立した。軽便鉄道も多く建設しており、軽便鉄道王とも呼ばれた。鉄道の世界では、いまでも超のつく有名人である。

兎にも角にも、街に新しく登場した電車は人々の耳目を集め、しだいに暮らしの中に溶け込んでいったのだろう。

そういえば、夏目漱石の『坊っちゃん』は、松山の中学校を辞めた後、東京に戻って街鉄の技手《ぎて》になっていた。上京したばかりの『三四郎』は、電車がちんちん鳴るので驚いていた。『吾輩は猫である』には、なんと路面電車の株式についての下りがある。吾輩の飼い主、苦沙弥先生に「君、電気鉄道へ乗ったか」と聞かれた鈴木くんは、「なんぼ田舎者だって――これでも街鉄を六十株持ってるよ」と言い返しているし、苦沙弥先生の書生だった多々良三平くんは、「奥さん小遣銭で外濠線の株を少し買いなさらんか、いまから三四個月すると倍になります。」などと言っている。

お察しのとおり、当時、電気鉄道は大変な成長産業で、株は値上がり必至の超優良株だったのだ。

1銭の値上げで暴動が起こった

さて、開業からしばらくの間、乗車賃は3社とも3銭の均一料金だったが、乗客は異なる会社の路線に乗りかえるたびに3銭を払わなければならなかったため、統一料金を望む市民の声が日増しに強くなった。

1906（明治39）年に3社が合併して、料金を4銭に値上げする案が発表されると、すぐさま「料金値上げは許さない！」という声が巻き起こり、9月5日に日比谷公園で値上げ反対の市民集会が開かれた。電車が襲撃される事件も起こった。これは、54両の車両が破壊され、94人が検挙されるという大騒動だった。

たかだか1銭で、と言うなかれ。路面電車は運転開始からわずか3年で庶民の足として定着し、1銭の値上げが家計を直撃するほど、生活に密着した存在になっていたのだ。

1906（明治39）年9月、路面電車を走らせていた鉄道会社3社が合併し、東京鉄道が設立された。乗車賃は均一4銭となった。しかし、値上げに反対する声はやまず、路面電車の公営化を求める声も高くなった。

時の東京市長尾崎行雄（「議会政治の父」と呼ばれた人である）は、路面電車を市有化すべきだという説を支持しており、東京市会が市有化を決定したことを受けて、東京鉄道と買収交渉を開始した。だが、東京市の財政が圧迫されるとの理由で内務省が合併申請を却下したため、尾崎行雄は引責辞任に追い込まれてしまった。

1908（明治41）年になると、東京鉄道は乗車賃を5銭とする再度の値上げを計画し、加えて乗りかえ手数料1銭を徴収する案を発表したが、またも市民の猛烈な反対運動が起こり、東京鉄道は値上げ案を撤回した。

同時に市有化論も再燃し、政府も市営化に反対することが難しくなった。そこで、時の逓信大臣後藤新平が条件付きで市有化を認めた。再選されて東京市長に返り咲いた尾崎行雄は、路面電車買収に向けての再交渉を開始した。

紆余曲折の末、買収交渉がまとまると、東京市は電気局（のちの交通局）を設け、1911（明治44）年8月1日から東京市電の経営を開始した。買収価格は6458万円で、東京鉄道の社員7861人と、192・4キロの路線、1054両の車両が、そのまま東京市に引き継がれることになった。

東京市電の誕生

市営化当時の路線網は、北は南千住や三ノ輪橋、北西は巣鴨駕籠町や大塚窪町、西は角筈新宿や青山七丁目、南は品川（八ツ山）、東は江東橋や業平橋が終点だった。当時はほぼこの範囲が「東京市内」と考えられていて、その外縁部は渋谷も池袋も郊外と思われていた。東京市の郊外で民営の路面電車が運行を始めたのは、「東京市内」の市営化後のこと。

1911（明治44）年8月、王子電気軌道（王電）が大塚～飛鳥山上開業

1917（大正6）年12月、城東電気軌道が錦糸町～小松川開業

1921（大正10）年8月、西武軌道が淀橋～荻窪開業

1922（大正11）年6月、玉川電気鉄道（玉電）が渋谷～渋谷橋開業

図7　東京市電路線図

（明治44年当時の停留場名）※主な停留場のみ表記

簡単にまとめると、王電は東京の北部に、城東軌道は東京の東部に路線網を広げ、玉電は渋谷橋から天現寺橋や中目黒に向かう路線を敷設し、荻窪に向かった西武軌道とともに東京の城西地区をカバーしていた。

ちょうど同じころ、１９１１（明治44）年12月31日には、明治時代末から大正年間にかけて全国に広がった大正デモクラシーの流れを受けて、日本交通史上初のストライキとなる電気局員によるストライキがあった。

１９１０年代後半には、第一次世界大戦の大戦景気と呼ばれる好況の影響もあり、乗客数は年を追うごとに増加し続けた。東京市電は大幅な黒字経営となり、１９２０（大正9）年前後に戦前の黄金時代を迎える。停留場で

九段坂上付近の満開の桜の下を行く東京市電10系統

電車を待っていても、来る電車、来る電車がみな超満員で、いつまで経っても乗車できず、「東京名物満員電車」という言葉が生まれるほどの盛況だった。

１９００年代の初めは、いろいろな意味で「電車の時代」だったのだ。

震災と戦災を越えて

事態が一変したのは、１９２３（大正12）年９月１日である。この日発生した関東大震災はマグニチュード７・９、震度６、東京や神奈川の約１９０万人が被災したという。

市電では４カ所の営業所と５カ所の車庫が全焼、車両７７９両が焼失、軌道１５２キロが損壊、架線被害は66キロ、職員97名が死傷するという甚大な被害を被った。震災後の火災でも４００両あまりが焼失し、最終的な被害総額は２５００万円にのぼったそうだ。

これだけの被害を受けたにもかかわらず復旧は早く、震災から5日後の9月6日には一部の区間で運転が再開され、大震災から10カ月あまりを経た１９２４（大正13）年6月には完全復旧を遂げたのだが、震災後、路面電車のライバルたちが続々と東京の市内交通に参入してきた。１９２７（昭和２）年12月には、日本初の地下鉄、東京地下鉄道（現・東京メトロ）が上野～浅草間で開業している。バスやタクシーも増え、市電と乗客の奪い合いが始まった。

大震災を潮目として、都心部の再開発も行われ、郊外には新たな住宅地が造成されて、省線電車や私鉄が郊外に向けて路線を延ばしていった。

市電や王電、城東電気、市バス、郊外電車など、公共交通の路線網が拡大していったこの時期、電車を乗り継いであちらこちらに遊びに出かける人々も登場した（第２章で述べたとおり、それまでは庶民の楽しみといえば寺社詣でか湯治くらいで、電車で遊びに出かけるという概念はないに等しかった）。

しかし、穏やかな時代は長く続かない。１９３７（昭和12）年7月7日、北京西南の盧溝橋で起きた軍事衝突を発端として、大陸に戦雲が広がり、国内でも徐々に戦時体制が強化され、東京市電も否応なくその流れに飲み込まれていった。

１９３８（昭和13）年の国家総動員法と陸上交通事業調整法により、４月には西武鉄道新宿線（のちの都電14系統杉並線）が、10月には東京横浜電鉄（旧玉電）の渋谷～天現寺、渋谷橋～中目黒が、東京市が業務委託されて運営することになった。１９４２（昭和17）年２月からは都心部の路面交通はすべて東京市が管轄することになり、王子電気軌道、城東電気軌道の路線35キロと車両１０１両が東京市電に併合された。

１９３８（昭和13）年５月１日からは、ガソリンの配給制限が始まった。市電と競合するバス路線は、運転本数が大幅に削減されたり廃止されたりした。

市バスやタクシー、昭和の大恐慌に経営を圧迫され続けてきた市電だったが、皮肉なもので、バス路線の廃止と軍需工場に通う工員や勤労学生の増加を受けて乗客数が激増し、１９４３（昭和18）年には年間乗客数７億人を突破している。

しかし、戦争の激化に伴って人員や資材、電力などの不足が顕著になり、１９４４（昭和19）年５月には、東京駅南口～都庁前などの９区間が「不要不急路線」として廃止され、路線が撤去されてしまった。

この間の１９４３（昭和18）年７月１日に東京市は東京都になり、路面電車は東京都交通局が経営する都電となった。

１９４４（昭和19）年11月14日から本格的に始まった東京空襲は、延べ１０６回にも及んだ。下町から山の手に至るまでの大空襲で、都電も甚大な被害を被った。全焼した営業所は12カ所、焼失車両は６０２両、軌道の損壊は56カ所、１４９キロだった。

岩戸景気で赤字転落

戦争が終わり、戦後インフレが進んで、すべての物の値段が激しく上昇する中で、東京都は5年間に24億円をつぎ込んで、車両の復旧や、路線、架線、営業所など、施設の再建に取り組んだ。

１９４７（昭和22）年には戦後初の新造車両８００形が製造された。続いて戦後の都電を代表する形式とされる６０００形の製造が始まり、最終的には２９０両が製造された。

１９４８（昭和23）年３月には東京急行電鉄の受託区間を買収し、１９４９（昭和24）年２月には全路線が復旧、１９５１（昭和26）年４月には西武鉄道新宿線の受託区間を買い取って杉並線とし、路線の総延長や車両数などにおいて、ようやく戦前の水準を回復した。しかし、復旧した1952（昭和27）年から、交通局の財政は赤字に転落した。

そうした中でも新線の建設は進められており、1950年代後半には、万世橋～秋葉原駅東口間や錦糸町駅前～錦糸堀間などが開業した。また、1952（昭和27）年5月には、東京都交通局初の無軌条電車（トロリーバス）が上野公園～亀戸駅前～今井間で開業した。

新型車両の投入も進み、1954（昭和29）年にはPCCカー5500形や、改造を重ねて現在も使用されている7000形（現・7700形）などが、1956（昭和31）年から翌年にかけては8000形が131両製造され、1962（昭和37）年には7500形が20両製造された。ちなみに、PCCカーとは1930年代にアメリカで登場した高性能電車で、流線形の車体、低騒音、低振動、高加速などを特徴としている。

経済白書が「もはや戦後ではない」と宣言した1956（昭和31）年、東京都交通局は再び黒字に転換し、日本は高度経済成長期に突入した。このころが、都電最後の華やかなりし時代と言えるだろう。

皮肉なもので、衰退は絶頂期を迎えた直後から一気に始まった。世間が岩戸景気（天照大神が天の岩戸に隠れて以来の好景気という意味でこう呼ばれた）に沸いていた1959（昭和34）年、都電だけは再び赤字に転落し、以後は赤字が膨らむ一方となってしまった。

晴海通り、築地電停の都電11系統新宿駅行6000形

赤字転落の第一の要因は、やはり自動車との競争に敗れたことにあるだろう。本格的な自動車社会到来の過程で、路面電車は邪魔者扱いされ、敗残者となった。

増え続けた自動車が路上を埋めつくし、違法とされている軌道内の走行も当然のように行われた。電車の運転士が追突事故を避けるために前の自動車との距離を空けると、そこにまた別の自動車が割り込むということが繰り返され、路面電車はいつまで経っても先に進むことができなかった。時刻表どおりに来ない電車、乗車してもなかなか先に進まない電車に見切りをつけた乗客たちの電車離れがおこり、赤字は増え続ける一方だった。

警察は違法車両を取り締まらなかった。そればかりか、1959（昭和34）年6月の警視庁の通達により、軌道内の自動車乗り入れを追認することにした。

関東大震災や戦災を経て、東京の住民は郊外の住宅地や団地に移りだし、昭和30年代からは都心部の空洞化も始まっている。国電や私鉄の郊外電車は通勤地獄といわれるほどの混雑を呈していたが、人口が減少した都心部では、日常的に路面電車を利用する人々が減って、こうした事態も赤字増加に追い打ちをかけた。

電車通りの地下を走る地下鉄の建設も急ピッチで進められた。1960（昭和35）年12月、都営地下鉄浅草線の押上〜浅草橋間が開業し、京成電鉄と相互乗り入れを開始した。1962（昭和37）年には帝都高速度交通営団（現・東京メトロ）の丸ノ内線の新宿〜荻窪間が開通し、翌年12月に同じ区間を走っていた都電14系統杉並線が廃止された。

こうした状況を受けて、1961（昭和36）年7月、昭和37年度首都圏整備事業計画策定方針で「都電と横浜市電は撤去に着手するものとする」と相なった。1962（昭和37）年6月には、政府の臨時交通関係閣僚懇談会が都電飯田橋線並びに青山線の一部撤去方針を決定し、都に対して実施を強く要請した。

さらに、東京オリンピック開催に向けての道路整備事業が、都電廃止論に拍車をかけた。オリンピック開催を1年後に控えた1963（昭和38）年10月、9系統の青山一丁目

～三宅坂間や10系統の半蔵門～九段上間が廃止されたが、これが実質上の都電廃止の第１号となった。

赤字続きの東京都交通局は、１９６７（昭和42）年１月、財政再建団体の指定を受けた。時の都知事美濃部亮吉は「都電とトロリーバスを廃止し、地下鉄とバスに代替する」ことを施政方針演説で提案し、交通局は「昭和46年度までに路面電車を、昭和43年度までにトロリーバスを廃止する」と発表した。好景気という強風が吹いたために、都電は公式に廃止されることになってしまったのである。

１９６７（昭和42）年12月から翌年３月までに、第１次都電廃止区間として、東京で初めて電車が走った品川駅～東京港口間や銀座通りなど、18区間の廃止と路線の撤去が行われた。これを皮切りに、都電の廃止は１９７２（昭和47）年11月12日まで６回にわたって行われ、最後に三ノ輪橋～早稲田間を走る現在の荒川線だけが残った。

ここまで70年もの年月を駆け足で見てきたが、荒川線が残っていなかったら、都心部の大部分を路面電車網がカバーしていた時代があったことなど、夢幻《ゆめまぼろし》か作り話に思えるかもしれない。

荒川線が残った理由は、一説には路線の大部分が新設軌道だったためといわれているが、7系統、通称広尾線の北青山一丁目～霞町～天現寺橋間は、ほとんどの区間が新設軌道だったのに廃止されてしまった。いまも環状4号線の外苑西通りを路面電車が走っていたら、相当に便利だっただろう。

大都市の路面電車の終焉

東京以外の大都市の路面電車でも、開業から発展、衰退から廃止へと向かう流れの形は、都電とほぼ共通している。

横浜、名古屋、京都、大阪、神戸といういわゆる五大都市の路面電車は、19世紀末から20世紀初頭にかけて建設され、開業した。

大阪を除く各都市で最初に開業した路面電車は、すべて民営だった。これまで見てきたように、新時代の新事業として、「電気鉄道はつくれば儲かる」という認識のもと、各地の実業家がこぞって建設申請を行い、認可を受けて、建設に邁進したのである。

5都市のうち、文明開化の窓口であった横浜と神戸には、さまざまな「日本初」があり、鉄道の開業は日本初と2番目だったにもかかわらず、路面電車の開業だけは他の都市に後れをとった。横浜の場合、神奈川県下では大師電気鉄道、小田原電気鉄道、江之島電気鉄道に次いで4番目、神戸は阪神電気鉄道や龍野電気鉄道などの後塵を拝して兵庫県下で5番目に開業した電気鉄道となった。両市とも1890年代から電気鉄道建設の機運はあり、建設を申請する者も多かったのだが、東京と同じく申請者間の調整がつかずに、県がなかなか建設許可を下ろさなかったのだ。

開業からしばらくすると、民間企業の運営に対する不満が市民の間から起こってきた。乗車賃は会社の思惑どおりに値上げされる、さほど集客が見込まれない地域には路線が敷設されない、などの理由から公営化の要望が強まってきたことも都電と同様だ。

市の側でも、市電を経営すれば安定収入が得られて財政が潤うとともに、市電建設に伴って道路の拡幅や整備などの市街地開発も行えるということで、買収交渉を行い、路面電車の公営化を行った。

大阪市だけは、第2代市長鶴原定吉《つるはらさだきち》の「市民生活に重大な影響を及ぼす公益事業は、私人や営利会社に運営を委ねるべきではない」という主張のもと、当初から市営として路面電車の建設、運営を行った。しかしながら、「市民のために公営で」ということと同時に、他の都市よりも早く鉄道経営の利に着目して民間企業を排除したという話も伝わっており、「市民ファースト」と利潤の追求とを両立させる視点は、さすが大阪というべきだろう。五大都市の中で、赤字となった路面電車を真っ先に廃止したのも大阪市だった。

ともあれ、路面電車を公営化した各都市は次々に新路線を敷設し、合わせて市街化区域の整備を進めていった。新路線開業に伴って乗客数は増え、各都市とも1920(大正9)年前後に戦前の黄金時代を迎えている。

しかし、都電同様、大正末から昭和にかけての不況、関東大震災や1938(昭和13)年の神戸の大水害などの自然災害によって路線や車両が大きなダメージを受け、さらにバスやタクシーの台頭があって、各都市の経営は赤字に転じた。

京都以外の都市では、やはり戦災で被ったダメージは大きかった。戦後数年間は、各都市とも路線や車両の復旧に努め、1955(昭和30)年前後には路線距離や車両数などが戦前のピーク時を上回り、戦後の黄金時代を迎えたが、栄光の時代はあまりにも短かった。バスやタクシーに加え、トラック、自家用車など、増え続ける自動車の群れから押し出されるようにして市街地の路上から路面電車が駆逐された顛末は、東京の例で見てきたとおりだった。

大都市以外で昭和30〜40年代に路面電車を廃止した主な都市を挙げれば、旭川、秋田、花巻、仙台、福島、水戸、日光、前橋、川崎、静岡、甲府、松本、金沢、岡崎、伊勢、和歌山、呉、下関、高松、丸亀、善通寺、別府、大分……。高度経済成長期のさなか、自動車社会が発展を続けていたその裏側で、路面電車は各地でひっそりと姿を消していった。

１９７８（昭和53）年10月１日、京都市電が廃止された。この時点で日本に残っていた路面電車は21事業体で、現役最古となったのは１９０４（明治37）年に開業した土佐電気鉄道（現・とさでん交通）だった。前述のとおり、都電の前身、東京電気鉄道の開通は１９０３（明治36）年だが、荒川線のルーツは１９１１（明治44）年開業の王子電気軌道である。

残る21事業体のうち、まず西鉄の福岡市内線が１９７９（昭和54）年２月11日に廃止された。１９９２（平成４）年４月１日には新潟交通が平成初の廃止路線となった。20世紀の終わり、２０００（平成12）年11月26日には、西鉄の北九州線が廃止された。

廃止は21世紀に入ってからも行われ、２００５（平成17）年４月１日には名鉄の岐阜市内線、揖斐《いび》線、美濃町線、田神線が一挙に廃止された。これで残存する路面電車は18事業体となったが、２００６（平成18）年４月29日に鉄道線のＪＲ富山港線から軌道線に転換された富山ライトレールが開業し、現在の19事業体になった。

さて、これまで、日本全国に敷設された軌道の総延長は、２２００キロ余りになる。これだけの長さの軌道が同時に存在したわけではなく、ある路線が廃止された後で別の路線が開業したり、路線のルート変更が行われたり、上下線で異なる路線を走っていた場合があったりしており、この数字はあくまで総計なのだが、それにしても２２００キロという距離は長い。北海道、東北、東海道、山陽、九州の各新幹線を結んだ新函館北斗～鹿児島中央間の総距離は２１４９・６キロだが、その長さを上回っている。

同じく、数字上の話ではあるが、路面電車が激減した——軌道線の総延長距離が激減した理由がもうひとつある。軌道法に則って路面電車として開業しながら、のちに鉄道に転換された路線が相当数あるのだ。鉄道に転換された軌道線の総距離は、３６０キロ以上にものぼる。

大手私鉄の始まりも路面電車だった

京阪神間を結ぶ関西の大手私鉄、阪神電鉄、阪急電鉄神戸・宝塚線、京阪電鉄の各線は、開業時には軌道条令で建設された。１９７０年代に地方鉄道法によって鉄道に変更されるまで、これらの各路線は路面電車扱いだったのだ。京阪電鉄本線の東福寺～三条間に至っては、なんと２０１３（平成25）年12月19日まで軌道法で運行されていた。

関東地方の大手私鉄である京王電鉄、京急電鉄、京成電鉄の各社や、近鉄奈良線、西鉄天神大牟田線なども路面電車として建設され、かなり長期間にわたって、法制上は軌道法に拠って運行されていた。

では、そもそもこれらの会社、各路線は、なぜ路面電車として開業したのだろうか。京王、京急、京成の3社と、この3社以外の関東の大手私鉄――最初から鉄道として建設された東武鉄道、西武鉄道、小田急電鉄、東急電鉄などの違いは何だったのか。

実は、軌道条令や軌道法で建設された各社、各路線は、現在のＪＲ――かつての国鉄、官営鉄道の路線とほぼ同じ区間を走っていた会社、路線なのである。

関西の京阪神間に建設された各路線は、官営鉄道の大動脈である東海道本線と並走している。東京では、京王電鉄は新宿～八王子間で中央本線と競合関係にあり、京急電鉄は品川～横浜～横須賀・逗子間などで東海道本線や横須賀線と並走している。京成電鉄は都内と成田や千葉との間で総武本線や成田線と集客争いを行っている。

その昔、逓信省鉄道局や帝国鉄道庁といった官営鉄道の監督官庁は、官営鉄道と競合する区間に対して、民営鉄道の建設を認めなかった。そのため、鉄道建設を目論む事業体は、内務省の各地方庁（府県庁）に軌道条令や軌道法での鉄道建設申請を行い、路線の一部を道路上に建設して開業にこぎつけた。要するに、お役所の縦割り行政の間隙を縫って、路線建設を行っていたのだ。

その後、ほとんどの大手私鉄は、スピードアップや輸送力増強を図るために道路併用区間を専用軌道に変更したうえで、輸送実績をもとに軌道から鉄道へと変更の申請を行い、あらためて鉄道事業者としての認可を受けて現在に至っている。

しかし、一部の路線には、昭和30～40年代まで道路上や道路の真ん中を走る区間が残っていた。たとえば、京王電鉄の新宿駅は１９６３（昭和38）年４月１日に地下駅になったが、その前はというと、地上駅だった京王新宿駅を出発した電車は、新宿南口交差点付近で西に90度近く向きを変えて、甲州街道の中央を走っていた。60代以上なら、甲州街道を路面電車ではない大型の電車が自動車に囲まれて走っていた姿を思い出される方もおられるだろう。

次に、同じように路面電車として建設されたはずなのに、いつしか鉄道に転換された大手私鉄、阪神電鉄の例を見てみよう。

制限速度を無視してぶっ飛ばす

19世紀末、アメリカでは都市間を結ぶ高速電車鉄道「インターアーバン（Inter Urban）」が各地で続々と建設されていた。その情報が日本にも伝わり、京浜間や京阪神間で都市間高速電車鉄道建設の機運が高まった。このとき問題になったのは、電車製造の技術ではなく、日本の国家体制や交通事情だった。

大阪～神戸間のインターアーバン建設を目指した阪神電鉄の創業者たちは私設鉄道法で建設申請を行ったのだが、同区間が東海道本線と競合するため、逓信省鉄道作業局は建設の許可を与えなかった。

ならば、である。創業者たちは「鉄道で許可が下りないなら、軌道でつくろう」と考えた。帝国大学工科大学（東京大学工学部の前身）の初代学長で内務省幹部でもあった古市《ふるいち》公威《こうい》から「路線のどこかが道路上にあればよかろう」という了解を得て、御影駅周辺と神戸市内だけを路上に建設し、「これは路面電車ですよ」と言って、１９０５（明治38）年4月に大阪出入橋～神戸三宮間（現・本線）を開業した。

軌道で開業したとはいえ、阪神電鉄の本来の目的は大阪〜神戸間の高速電車輸送であり、高速電車輸送で集客して収益を上げることにあった。そのため、途中駅を増やし、運転本数を増やし、乗車賃を下げて、東海道本線の乗客を6〜7割も奪った。停車駅が多いため、東海道本線より到達時間は長くかかったが、少しでも時間短縮を図るために、軌間を1435ミリとし、路面電車よりはるかに大型のボギー車、1形電車を製造して、軌道法の速度制限は端から無視して、常にスピード違反でぶっ飛ばした。

阪神電鉄は1926（大正15）年から本線とは別に、阪神国道（現・国道2号）上を走って大阪〜神戸間を結ぶ国道線と甲子園線も路面電車で開業し、1975（昭和50）年まで営業運転を行っていた。国道線の野田〜東神戸間26キロは、1本の路線としては日本の路面電車では最長で、両停留場間をおよそ2時間で結んでいた。

阪神本線開業と同じ年の12月、現在の京急電鉄がインターアーバンを品川〜神奈川間で開業した。関東で初だった。もっとも、と言うべきか、京急の前身は、日本で3番目に電車の営業運転を始めた大師電気鉄道という路面電車だった。

阪神、京急に続けとばかり、大手私鉄が続々と軌道で開業した。各社とも、軌道条令を無視するような大型車両の導入と高速運転を行った。要はそれぞれの法律の解釈と運用次第というわけで、各事業体が極めて恣意的に鉄軌道を運営していたのである。

江ノ電は路面電車なのか？

ところで、江ノ電の話である。

第１章では、江ノ電は日本に現存する19の路面電車の事業体には含まれていないと述べた。前章では、江ノ電は日本で６番目に軌道電車（路面電車）として開業したと述べた。では、江ノ電は路面電車なのか、そうではないのか。

江ノ電に乗ると、あちらこちらでいかにも路面電車らしい情景が目に入ってくる。腰越付近には、道路上を走る併用軌道がある。七里ヶ浜～鎌倉高校前などには、道路と軌道の間が柵やフェンスで仕切られていない区間がある。この区間も、いわゆる併用軌道である。併用軌道は江ノ電の全路線中に４カ所あって、計９８０メートルになる。

江ノ島～腰越間の龍口寺前交差点には、半径28メートルのＳ字カーブがある。これは鉄道事業法の規制を大幅に上回る急カーブで、鉄道としては日本最小半径のカーブだ。

また、腰越駅の西側には、日本で唯一、車道と軌道が分離されていない鉄道道路併用橋、神戸橋《ごうどばし》がある。

軌道に面して設けられた門がある民家や、神社の境内を横断する区間、民家の軒先ぎりぎりをかすめて走る区間……。一般の鉄道ではなかなか見ることができない沿線風景が江ノ電にはある。各駅にも地下道や跨線橋は設けられておらず、向かいのホームへは構内踏切を渡ってゆく。こうしたことが、全体としていかにも路面電車的な景観をなしている。

車両に目を移すと、見た目はやはり路面電車っぽい。レトロ調車両の10形と20形など、明治、大正期の路面電車を思わせるデザインである。編成はすべて2両1組の連接車。これは、路線中の急カーブを通過するためである。

また、以前は実際の路面電車、都電や玉電（東急玉川線）などからの譲渡車両も多数在籍していた。600形（元東急デハ80形）は1990年まで使用されていた。そのうちの1両601号車は、古巣の東急世田谷線に戻り、宮の坂駅横の区民センターで静態保存されている。東急世田谷線は紛うことなき路面電車であるからして、やはり江ノ電も路面電車なのだと思ってしまうのは当然のことだ。

実際、江ノ電は、1902（明治35）年の開業以来、40年以上路面電車として営業を続けた。ところが、太平洋戦争末期の1944（昭和19）年11月、時の運輸通信省（現在の

江ノ電は長谷～極楽寺間で御霊神社の参道を横切って進む

国土交通省にあたる）の要請があって、軌道から鉄道に転換されることになり、翌年11月に鉄道になった。転換の理由は、米軍の空襲や艦砲射撃で東海道本線や横須賀線が被災した場合に江ノ電が迂回路となるよう、輸送力を増強するためだったといわれている。つまり江ノ電は、戦時中の国策によって軌道から鉄道に転換されたのである。

しかし、転換が行われたのが戦中から終戦直後にかけての混乱期であったため、道路併用区間の新設軌道化は行われず、急カーブや鉄道道路併用橋はそのまま残ってしまった。

軌道時代の構造が残っており、一見したところ路面電車のようにも見えるから、そのように紹介されることもあるが、江ノ電は、法制上はれっきとした鉄道なのだ。

江ノ電の道路併用区間は鉄道事業法に基づく併用軌道であるから、10年ごとに運輸局に申請を行い、特認を得たうえで路面を走行している。このため、江ノ電の道路併用区間では軌道法の最高速度や列車長の規制の制限を受けることはなく、早朝・夜間の一部の列車を除いて、連接車2組をつなげた4両編成、全長50メートル超の長い列車が運転されている。

江ノ電や大手私鉄の例のように、軌道条令や軌道法に拠って建設された後で鉄道に転換された路線は、実に20社にものぼる。福島交通飯坂線、伊那電車軌道（現・JR飯田線）、能勢電鉄、山陽電鉄、高松琴平電鉄、熊本電鉄（藤崎線に江ノ電と同じ鉄道事業法の併用軌道が残っている）などである。

なぜ、路面電車は消えていったのか？

「江ノ電問題」はともかく、ここまで見てきたように、日本の各地で路面電車が姿を消していった背景には、モータリゼーションの進展があった。路面電車は道路上の邪魔者として扱われ、その際に自動車にとって有利な法令が施行されたことも痛かった。

公共の交通機関であるにもかかわらず、経営が各企業体の独立採算制で、運営母体が赤字になったときに国などから公的資金の援助を受けられなかったこともまた、痛かった。厳しい意見になるが、路面電車があった自治体が将来を見据えた長期的な都市計画を持ち得なかったことも、衰退の理由として挙げるべきかもしれない。「ノープラン」とは言わないが、路面電車と同じルートを走る地下鉄や路線バスが開業するということも、ままあった。確かな将来計画があり、環境問題や市街地の空洞化など、現在起こっている諸問題に対する予測と対策が行われていたら、あるいは現在も続行していた路面電車もあったかもしれない。

公共交通という視点からすると、運賃授受においてセルフサービス方式（日本では一般的に信用乗車方式という。富山ライトレールでは信用降車方式ともいう）が取り入れられなかった影響も大きいと思う。端的に言うなら、路面電車はもっと、市民が使いやすい乗り物であるべきだった。

たしかに、自動車は便利だ。出発地から目的地まで歩かずに済むし、荷物を運ぶこともできる。プライベートな空間を確保できるということも大きい。日本人の同調傾向の一種だろうか、私を含め、昭和の若い男たちの多くは、免許を取って車を持たなければ女性に相手にされないと思い込んでいる節もあった。一人前の大人なら車があって当たり前、車がないのは格好悪い、そんなふうに思っていたのである。

だから、多発する交通事故や、光化学スモッグの発生、ぜんそく患者の急増といった、自動車を原因のひとつとする環境の悪化を感じてはいても、ほとんどのドライバーはハンドルを離そうとしなかった。行き過ぎた自動車社会に対する反省の気持ちがようやく社会に起こってきたのは、1973（昭和48）年に起こったオイルショックからしばらく経ってからのことだ。みんな（私も）まだ車に夢中で、1976（昭和51）年には『間違いだらけのクルマ選び』（徳大寺有恒著）という本が売れに売れた。高齢ドライバーの存在自体が珍しく、免許返上などという想定も、公共交通の役割について深く考えることもなかった（そういう意味では、日本の車社会は成熟することなくここまで来た、という感がある）。そして、路面電車があったら、と気がついたころには、都電も、各地の路面電車も、ほとんど廃止されていた。

ここに挙げたような事情がなければ、路面電車はもっと多く残っていたのだろうか。この先路面電車には、何ができるのだろうか。次章では、路面電車のこれからについて検討してみたい。

第4章

世界の合言葉は「LRT」

路面電車復活の日

　1970年代にはこのままますべて消え去っていくのかと思われた路面電車だったが、一部では新たな動きが見えはじめた。

　ひとつは新型車両の導入である。軌道や停留場などの施設に手を加える場合には、地元自治体などとの調整が必要になるが、車両の更新なら各事業体単独でも行える。1980年代以降、熊本市電を筆頭に、各事業体は、より快適で、経済性に優れ、容易にバリアフリー化が行え、環境に優しい車両の投入を開始した。冷房車、超低床車、VVVFインバータ制御車、イベント車などである。これら車両の詳細については第5章で紹介する。

　新路線の開通も、少しずつではあるが進められるようになった。1982（昭和57）年7月には、豊橋鉄道東田本線の井原～運動公園前間が新規開業した。これは、1968（昭和43）年の長崎電軌思案橋～正覚寺下間の開業以来、路面電車としては実に14年ぶりの新規開業区間だった。

　東田本線は1998（平成10）年に豊橋駅前停留場を駅直近に移設し、豊橋駅2階のコンコースから駅前のペデストリアンデッキを経由して、直接乗りかえができるようになった。駅前広場から、鉄道駅に隣接する位置や高架化された鉄道駅の1階に停留場を移設す

豊橋鉄道東田本線豊橋駅前停留場

ることは、富山地方鉄道市内線、万葉線、福井鉄道、とさでん交通などの各社でも行われた。移設距離はわずかであっても、乗りかえの利便性は格段に上がる。岡山電軌や広島電鉄でも、駅前停留場の移設が行われる予定になっている。

いったんは廃止された路線の復活も行われるようになった。東田本線の駅前延伸区間も、以前廃止された路線の復活である。

２００９（平成21）年12月、富山地方鉄道市内線の富山都心線が復活し、市内中心部をぐるりと回る環状線が開業した。２０１５（平成27）年12月には札幌市電の西四丁目～すすきの間の都心線が復活して、市内南西部を走る環状線が完成した。

ここまでの変化は、時間をかけてじわりじわり……という印象だが、富山市のように路面電車を

富山城前を行く富山地方鉄道富山市内軌道線のセントラム

都市のシステムや都市景観として捉える自治体も増えてきた。宇都宮市のように、これまで軌道系の交通手段がなかった地域にＬＲＴを建設しようとする動きも見られるようになった。ここへ来て、日本の路面電車は復活の日を迎えつつある、のだろうか。いわゆる地方の時代が訪れて、少なくとも変換期、転換期にあるのは間違いないようだ。

鉄道とバスのはざまで

いま日本に残る路面電車は、福井鉄道やとさでん交通などの郊外区間を除けば、大半が都市部を走っている。では、路面電車とその他の都市公共交通と比べてみると、それぞれどのような特徴が見えてくるだろうか。

地下鉄や新交通システムの長所は、路面電車より高速性や定時性に優れ、一度に大勢の乗客を運ぶことができるというところだろう。踏切のような他の交通機関と接する場所がないため、交通事故が起こりにくい点も長所として挙げられる。

降雪、霧、強風といった天候の影響を受けることが少なく、年間を通して気温の変動が少ないことも、地下鉄の利点である。日本初の地下鉄、現在の東京メトロ銀座線が開業した当初から、「夏は涼しく、冬は暖かい」という言葉が地下鉄の宣伝に使われてきた。

マイナス面はというと、まずはコストが非常に高いこと。建設費も維持管理費も膨大な金額になる。それから、地上とホーム間の移動や、他線との乗りかえが大変であること。エスカレーターやエレベーターがあるにせよ、ビルの4～5階分以上も上下しなければならない場合があるし、東京では地下鉄線同士の乗りかえで数百メートル歩かなければならないことも珍しくない。また、地下鉄では、地震や洪水、火災などの際の避難や脱出の難易度が上がる。知らない都市の地下鉄では、地上に出たとき、自分がどこにいるのかがすぐにわからず、困ることもある。

バスの優れている点は、その自在性と経済性にあると言えるだろう。拠点となるバスターミナルを別にすれば、バスは駅や軌道といった大規模な施設を必要としない。停留場は簡素で、時刻表や路線図を掲示したポール（標柱）だけが立っていることが多い。地方の路線では、停留場でないところで乗降できることもある。

ルートの設定が容易なのもいい。最近は小型のコミュニティバスがビル街や住宅地の奥深くまで路線を延ばして、地域の足としてがんばっている例が多数見られる（私も杉並区の南北を結ぶコミュニティバス「すぎ丸」をよく利用する。乗車賃は１００円だ）。

欠点は、輸送力の小ささ、運転時間の不確かさ、交通事故に遭う比率が高めであること。それから、停留場の場所や路線のつながりなどがわかりにくく、地域の住民以外には使いづらいことといったところだろう。

それでは、復活した（あるいは長年継続してきた）路面電車にはどのような特徴があるのだろうか。実際に各地で営業運転を行っている路面電車の特徴をまとめると、

①基本的に、軌道以外は走れない。

②路線距離や走行距離が短い（路線総延長の最長はとさでん交通の25・6キロ、最短は岡山電軌の４・７キロ）。

③停留場の間隔が短い。市街地では３００〜５００メートル前後、郊外でも１キロ程度。

④併用軌道上の最高速度は時速40キロ以内で、あまり速くない。

⑤乗車定員は1両あたり平均で50～60人。連接車なら80～150人ほど。
⑥ほとんどの単車はワンマン運転で、連接車には車掌が乗務していることが多い。
⑦セルフサービス方式（信用乗車方式）の運賃授受は、ほとんど行われていない。
⑧新設軌道上なら速度と定時運行が保たれるが、併用軌道では定時運行は難しい。
⑨自動車との接触事故が多い。雨天時や凍結したレール上では、自動車のスリップ事故も起こりやすい。
⑩歩道や路上から直接乗降できる。バリアフリー化が容易に行える。
⑪建設費や維持管理費が安上がり。
⑫環境に優しい。
⑬地震や台風などの自然災害時に避難しやすい。復旧も早い。
⑭車両デザイン、架線、軌道などが、都市の景観に影響を与える。
⑮乗車中、外の景色を眺めることができる。
以上が衆目の一致するところだろう。

⑧の併用軌道上では定時運行が保てないという問題については、日本最大の利用者人口を誇る広島電鉄の資料に、交差点内の右折車による路面電車の運行阻害が全走行所要時分

広島市のメインストリート、鯉城通りの市役所前付近を行く広島電鉄

の10％程度あり、交通信号待ちで停車している時間は30％にもなるとのレポートがある。

定時運行を確保するための方法としては、併用軌道をリザベーション軌道化したり、条令などによって自動車の軌道内通行禁止を徹底したりすることが考えられる。また、各地のバス路線で採用されている公共交通優先システム（ＰＴＰＳ）を路面電車向けにアレンジした、電車優先信号システムの採用も有効だ。

電車優先信号システムとは、電車接近を感知して、交差点の交通信号が青であれば電車がその交差点を過ぎるまで青信号を継続させ、赤信号の場合は極力早く青信号に替えるというシステムで、広島電鉄などでは混雑の激しい交差点に設置して、定時性の確保に役立てている。

⑨については、電車は決まった軌道上しか走れないのだから、事故の責任の大半は自動車の側にあり、スリップについても、自動車は軌道敷内に入らない、右折時などに軌道敷内に入る際は慎重な運転を心がければよいということなのだが……。

⑪については、国交省や地下鉄建設を計画している自治体などの資料等によると、キロあたりの建設費は、平均して地下鉄で３００億円、新交通システムで１００億円、路面電車は30億円前後となっているようだ。

ちなみに、世界各地の都市公共交通のデータを調べてみたところ、人口が70～80万人以上の都市では地下鉄が、人口が10～１００万人規模の都市では路面電車が、それ以下ではバスが主流になっていることが多いようだ。

人口が１００万人を超えれば地下鉄の高速大量輸送が必要になるが、それ以下だと、建設費などとの兼ね合いで、おそらく採算が取れない。一方、人口が10万人を切ると、自治体単独で路面電車を維持運営するのが難しくなるのだろう。国や州の補助費の問題などもあって、一概には言えないが。

以上のような長所と短所を踏まえれば、日本における路面電車の新たな展望が開けてくるのではないか。特に⑭と⑮については、路面電車の長所として強調しておきたい。というのは、路面電車は速度や停留場の間隔などから、街歩きに格好の乗り物と考えられるからで、地域社会の活性化やインバウンド消費の拡大につながる可能性が高いと思う。

初めて訪れた街に路面電車網があったら、便利なはずだ。自由に乗り降りできる1日乗車券などを購入して乗り歩きをすれば、街の地理や構造、雰囲気がつかめて、観光の自由度が上がる。

たとえばウィーンでは、旧市街を取り囲んでいた市壁と濠の跡に設けられたリンクシュトラーセという環状道路をめぐる「ウィーン・リングトラム」が走っている。このトラムに乗れば、王宮、美術史博物館、オペラ座、ブルク劇場、市庁舎など、ウィーン市内の見どころをトラムに乗ったまま見物できるし、街のつくりがわかってくる。トラムでリンクを一周した後で目的の場所で降りればいい。楽しいし、現地の地理や言葉に疎い海外からの旅行客に負荷がかからない交通機関だと思う。そして、この乗り方は、札幌などでも可能なのである（第6章の札幌市電の項もご覧ください）。

なぜ、日本では信用乗車方式が行われないのか？

公共交通機関を、輸送量別に大量、中量、軽量に区分する考え方がある。

国交省の資料では、鉄道や地下鉄は大量輸送機関で、路面電車とバスは軽量輸送機関とされ、中量輸送機関は「ゆりかもめ」などの新交通システムやモノレールを指すようだ。

ところが日本以外の国では、路面電車は中量交通機関に分類されていることが多い。都市によっては50～60メートルもある長い列車が頻発していて、日本の新交通システム、つまり中量輸送機関の輸送量を超えている例もよくある。この差異はどういうことか？

日本の路面電車では、京都地下鉄東西線に乗り入れている京阪京津線《けいしん》の800系（全長66メートル、定員386人）を別にすれば、広島電鉄のジーメンス社製5連接車体（コンビーノ）の5000形GREEN MOVERが最長で、編成の長さは30・5メートル、乗車定員は153人だ。

一方、フランスやドイツなどの都市では、コンビーノを2編成つないだ全長61メートル10両編成や、全長45メートルの7連接車アルストム社製のシタディスのように、長くて乗車定員が多い電車が市街地を走っている。このような編成なら、乗車定員は「ゆりかもめ」7300系の306人と同量で、「日暮里舎人《とねり》ライナー」320形の定員262人を上回ってしまう。当然のことだが、編成の長さや運転本数によって、輸送力が（つまり区分も）違ってくるということなのだ。

「鉄の男広場」付近を行くストラスブールB線のトラム

では、なぜ日本では路面電車が軽量輸送機関になってしまうのか。言い換えるなら、日本で輸送力の大きい路面電車が走っていないのはなぜなのか。

ひとつには、やはり軌道法の制約が大きいからだろう。それから、運賃の授受に問題があり、そのために長い編成の電車を走らせたり、頻発運転を行ったりすることができないからではないか。

というのは、日本の路面電車の運賃授受は、いまでも運転士や車掌が行っていることが多く、ほとんどの車両で乗車口と降車口が別々になっているからだ。

都電荒川線の場合なら、運賃先払いの前乗り後降り、すなわち車両の前部ドアから乗車して料金を支払い、後部ドアから降車する仕組みだ。大塚駅前や町屋駅前などのように乗降客が多い停留場では、乗車客が長い列を作り、順番に乗車してそれぞれが支払いを行うから、かなりの停車時間が必要になる。このアナログな仕組みがいいのだという意見もあるかもしれないが、問題は大きい。また、乗った後で狭い車内を後ろのドアまで移動しなければならないのも危ない。これでは、せっかく車両や停留場のバリアフリー化が行われても、なんだかなあ、という感じがする。

ほかの路面電車も似たような状況にあり、朝夕のラッシュ時には停留場での滞留時間が長くなって運転本数が限られてくるし、長い編成の連接車を導入できない。結局、時間単位の乗降客数が制限され、軽量交通に分類されてしまうのだ。

だったら、セルフサービス方式（信用乗車方式）の運賃授受にすればよいのではないか。乗車前に停留場の券売機などで乗車券を購入し、乗車時刻を刻印して電車に乗る。あるいは事前に購入したＩＣカードを利用して、乗降時に車内でカードリーダーにタッチする。これだけのことで、運転士は運賃授受を行わずに済み、運転に集中できる。５連接車体×２編成などの長い電車でも、運転士ひとりで対応でき、乗車定員や運転本数を増やすことができる。すべてのドアで乗り降りができて、乗降時間が短縮でき、車内の移動も不要。多くの国や地域で行われている、一般的かつ合理的な方法である。

ところが、なぜか日本ではこの方式が導入されない。セルフサービス方式で問題になるのは無賃乗車だが、信用乗車を導入している国に比して日本が公徳心に欠ける国であるとは到底思えないから、かなり不思議だ。お国柄と言おうか、公徳心がありすぎて、料金の徴収ができないケースがあることを事業者側が気にしすぎているのではないかとさえ考えてしまう。あるいは、システムを更新するための予算が厳しい、既存の仕組みを刷新することに消極的、といった事情によるのだろうか。

信用乗車の導入国では、抜き打ちで車内検札を行い、乗車券を所持していなければ正規料金の十倍、百倍といった罰金を徴収するといった方法がとられていることが多い。日本でも同じような条令を設ければいいのではと思うが、過去の条令やお役所との攻防が難儀ということか。信用乗車方式を導入して、乗降客が多いターミナル停留場などに絞って改札を設けるなどの方法もあると思うのだが、なかなかそういう動きはないようだ。

誰のための公共交通か?

信用乗車方式の問題に限らず、公共交通に対する意識、国や自治体の対応には、日本と諸外国の間には大きな隔たりがあると強く感じる。日本では、路面電車だけでなく、一般の鉄道も、バス路線も、すべての公共交通が独立採算制を強いられているのが現状である。純粋な民間企業である私鉄やバス会社が赤字経営だからと、税金を厚く投入しつづけるのも問題があるだろうが、乗客数が少ないからといって路線が廃止され、唯一の生活の足を奪われてはたまらない。かといって、民営となった事業体に赤字経営を強いることもできない。民間であっても公共性が高い企業には、相応の補助が必要ではないだろうか。

誰もが行きたいときに行きたいところへ行くことができる権利――「交通権」という考え方がある。既存の公共交通を廃止して、移動が必要な場合には自動車を使うようにという所行は、言わば交通権の剥奪にあたる。免許や車を持っていない人たちが移動しようとするときには、タクシーを使ったり、誰かに自動車での送迎を頼んだりしなければならない。もしくは、移動自体を諦めなければならない。

一方、必要に迫られて鉄軌道の新設を望む場合にも、膨大な建設費が必要になる。黒字が見込めなければ民間企業は新規路線の建設など行わないだろうし、自治体などが建設するにしても、その後の運営管理までとなると、ことは難しくなる。

そこで最近では、鉄軌道の建設や保有と運営とを分ける方法、いわゆる「上下分離方式」が行われるようになった。これは、管理運営（上）とインフラ整備（下）を分離する方式で、一般的には自治体や公営企業が土地や施設を保有し、民間企業や第三セクターなどが施設等を借り受けて運営するという形をとることが多い。基本にあるのは、公有地を所有し、大規模な建設に対応できる予算のある国や自治体と、現場の技術や知識、経験が豊かな民間企業双方の得意分野を活かして、公共交通を建設、維持していこうという考え方だ。

ヨーロッパでは、ＥＵが上下分離方式を推奨したために、フランス、ドイツ、イギリスなどの多くの国がこの方式を採用し、旧国鉄が民営化されたり、法人化されたりした。日本の例では、路面電車では富山ライトレールが上下分離方式で開業した。建設は県や市が行い、施設や車両は地元自治体が所有し、運行は第三セクターの富山ライトレールが行っている。また、同じ富山市内を走る富山地方鉄道市内軌道線の富山都心線の施設と車両は自治体が所有し、富山地方鉄道が運行を行っている。福井鉄道やとさでん交通でも上下分離が行われた。このように、既設の路線の上下分離化はこれからも増えることだろう。新線建設の段階から上下分離方式で行えば、新たに軌道系交通を建設できる地域が出てくる可能性もある。実際、これまで軌道系交通がなかった宇都宮市でも、上下分離方式でのＬＲＴの新線建設が始まった。

富山ライトレール岩瀬浜停留場。フィーダーバスとホームを共有

理想的な運営の例としては、路線総延長２５０キロという世界最大のトラム路線網があるオーストラリアのメルボルン市を挙げたい。メルボルンのトラムの所有者はヴィクトリア州公共交通機関ＰＴＶで、運営は民営のヤラ・トラムスが行い、ヴィクトリア州が運営の補助を行っている。中心部の「Free Tram Zone」は無料で乗車できる。郊外は「myki（マイキー）」というＩＣカードを利用してのセルフサービス方式だ。

世界でもっとも住みやすい都市のランキングで常に上位を占める同市の移動の便利さ、快適さは、公的資金が投入されたトラムの路線網によるものと言ってよいだろう。付け加えれば、メルボルンの主要な観光スポットは、ほぼ「Free Tram Zone」内に含まれており、旅行者も無料トラムの便利さを享受している。公共交通はこうありたいものだ。

それぞれの都市公共交通機関には、長所もあれば短所もある。それぞれの長所を活かし、地域の特徴や、人の流れや量などに応じて使い分けることが肝心なのは言うまでもないことだが、生活者のための公共交通という視点に重きを置くなら、もっと積極的に路面電車という選択がなされてもよいように思う。

先に述べたとおり、建設費は比較的安い。定時運行をキープできるならば、エコで安全、バリアフリーの面で優れているなど、路面電車はなかなか使い勝手がよい都市交通機関である。乗りかえ、乗り継ぎの便が改善されれば、より便利な乗り物になるに違いない。

都市システムとしてのLRT

LRT（Light Rail Transit、ライトレール・トランジット）は、国や地域によってさまざまに定義付けされている。日本の国交省は「次世代型路面電車システム」と呼び、現行の路面電車の発展形と位置付けている。国交省はまた、２００５（平成17）年に「LRTプロジェクト」を創設し、車両や施設に対する補助、最高速度や編成長の見直し、鉄道線への直通、リザベーション軌道と歩道の一帯整備、街づくりや利用の促進など、ＬＲＴ建設促進に対する支援を打ち出した。

日本ではまだ低床の新型車両ＬＲＶ（Light Rail Vehicle、ライトレール・ヴィークル）の導入に留まっている路線が多いのだが、たとえば富山では、単なる交通機関としてではなく、都市のシステムの基本をなすものとして、ＬＲＴ路線の延長や施設の改良が進められている。

富山の例に見られるように、ＬＲＴを都市のシステムとして機能させる試みは、前世紀後半に欧州を中心に始まった。始まりは、行きすぎた自動車社会に対する反省から、廃止されてしまったトラムを復活させようという動きだった。

ＬＲＴの先進国とされるフランスとドイツでは多くの都市がＬＲＴを導入しているが、ＬＲＴ先進国と呼ばれるに至るまでには、それぞれまったく異なる道筋を歩んできた。

フランスでは、トラムがいったん消滅した後で新規に路線の敷設が行われた例が多く見られる。

一方、旧来の路面電車が多く残っていたドイツでは、既存の路線の改良を通じてＬＲＴ

シュトゥットガルトの中央駅前地下。市街中心を離れると道路上を走る

化が行われた例が多い。ドイツでは日本と同じように一時は路面電車の廃止が進んだのだが、多くの都市がセルフサービス方式の運賃授受を導入し、連接車の投入を行うなどして路線の存続を図った。そして、残った路面電車がシュタットバーン（Stadbahn＝都市鉄道）として進化した。

ケルン、フランクフルト・アム・マイン、シュトゥットガルト、ハノーファーなど、人口が50〜100万人規模の都市では、中央駅周辺など都市の中心部の路線が地下に移設されて地下鉄化した。都市鉄道は、中心部では地下鉄、市街地ではリザベーション軌道を走行し、市街地を離れると新設軌道の郊外電車になるという具合に3通りに変化する。地下区間でも、ホームと出口の間はスロープやエスカレーターで結ばれたり、鉄道駅と

カールスルーエのトランジットモール。左の車両は郊外ではDBの路線を走る

商業ビルが直結していたりと、バリアフリー化が行われている。

１９９２年には、カールスルーエ市（人口約30万人）で市街地の路上と郊外のＤＢ（ドイツ鉄道）の路線を直通する電車、Ｓ－Ｂａｈｎ（エスバーン）の運転が始まった。運転開始に際しては、旧来の直流の路面電車路線と交流のＤＢ本線の双方の路線に対応した交直両用電車が製造された。この電車は、ＤＢの本線上ではドイツ新幹線ＩＣＥも走る同じ路線を時速80～１００キロの高速で走行し、市街地に入ると路上を走行し、市内中心部ではトランジットモールを時速20～30キロの低速で進む。このＳ－Ｂａｈｎはまた、バーデン・バーデン、プフォルツハイム、ハイルブロンなど、数十キロも離れた都市を結ぶ広域の路線網を形成している。

ちなみにトランジットモールとは、歩行者、自転車と、トラム（一部ではバス）、緊急自動車だけが通ることができる市街地中心部の通りを表す和製英語で、歩行者天国の通りをトラムだけが走っているようなイメージだ。

LRT先進都市では、街づくりに際して、車道の存在自体が障害であるという考え方に立ち、市内中心部から自動車を排除する選択がなされているのだ。商店街の商品の搬出入などの問題は、進入可能車両を許可制にする、搬出入の時間帯を制限する、カーゴトラム（貨物電車）を活用するといった方法で対処されているようだ。

カールスルーエが導入したトラムが一般の鉄道を直通するシステムは、カールスルーエモデル、トラムトレインなどと呼ばれ、パリ（市内人口約225万人）、オランダのハーグ（人口約48万人）、スペインのアリカンテ（人口約34万人）、ドイツのカッセル（人口約20万人）など、世界各国に波及した。

導入にあたっては各地で工夫が見られる。カッセルでは非電化の鉄道線に乗り入れるためにディーゼル機関を搭載した電車を使用している。ドイツのツヴィッカウ（人口約9万人）のように、軌間が異なる路線を走らせるために3線軌条化が行われている例もある。

フランスはどうか。１９５０年代、トラムが走る都市はリールなどわずか3都市だけになってしまったのだが、１９８５年のナント（人口約29万人）の開業を皮切りに続々とトラムが復活して、この30年の間にトラムが走る都市は29都市になった。首都パリでも、１９３６年に全廃されたトラムが１９９２年に復活した。次々に路線が延長されて、現在では10系統１１６キロの路線網を持つに至っている。

軌道系市内交通ゼロの状態からＬＲＴ建設を始めたフランスでは、機能、都市環境、景観など、さまざまな面で配慮が行き届いた建設例を目にする。

もう20年以上も前の話になるが、１９９５年にストラスブール（人口約27万人）を訪れたときの驚きはいまも忘れられない。超低床車両のユーロトラム、市街地中心のオム・ド・フェール停留場のデザイン、緑したたるリザベーション軌道……。機能といい、デザインといい、見るものすべてがすばらしく、衝撃を受けた。

ＬＲＴは現在も進化中で、エチオピアのアディスアベバ（２０１５年）、台湾の高雄（２０１７年）など、世界各地で開業が相次いでいる。欧州では１９８５年のシェンゲン協定成立によって協定加盟国間の行き来が自由になり、トラムに乗車したままで国境越えができる路線も増えた。世界のこうした動きを受け、20年遅れて、ではあるが、日本でもＬＲＴ建設の機運が高まってきた。

富山市に見る「お団子と串」の街づくり

前項で紹介したドイツのように、既存の路線を活用してＬＲＴ化を進めている富山市の例を見てみよう。

２００５（平成17）年４月の「平成の大合併」で富山県下の７つの市町村が合併して、新富山市が誕生した。新しい富山市は人口約41万７０００人、市域面積は１２４０平方キロメートルとなり、県全体に対して人口は約40％、市域は30％を占めることになった。

比較的平坦な富山平野に広がる富山市は、市街地が広く薄く拡散している状態にあり、自動車交通への高い依存度が特徴で、このことが将来に向けての大きな問題と考えられるようになった。これは、全国の多くの地方都市が共通して抱えている問題でもある。

「広く薄い」市域は市街中心部の空洞化を招く。また、道路や下水道といった公共施設の建設や維持管理、ごみ収集、除雪作業など、都市管理に要する費用が増大する。その一方で、近い将来、人口減によって税収が激減することも予測される。自動車への依存度が高

富山ライトレールのポートラム。富山駅北停留場で

いわりに、自由に使える自動車がない（免許がない、自動車を保有していない）人の割合は30％にも達しており、高齢化が進むにつれて、その割合がますます増加するものとも予測された。そのため富山市は、早急にコンパクトな街づくりを行うことが必要と考えた。そこで富山市が打ち出した方針が、「お団子と串」の街づくりだった。

ここで言う「串」とは、日常の足として使える公共交通のことである。富山市の場合の「串」は、JR高山本線、あいの風とやま鉄道、富山地方鉄道の鉄道線と市内軌道線、富山ライトレール、路線バスを指す。

「お団子」は、「串」で結ばれた駅や停留場から徒歩圏内にある、スーパーマーケットや福祉施設、行政サービス窓口など、日常生活に必要な施

図8　「お団子と串」の都市構造

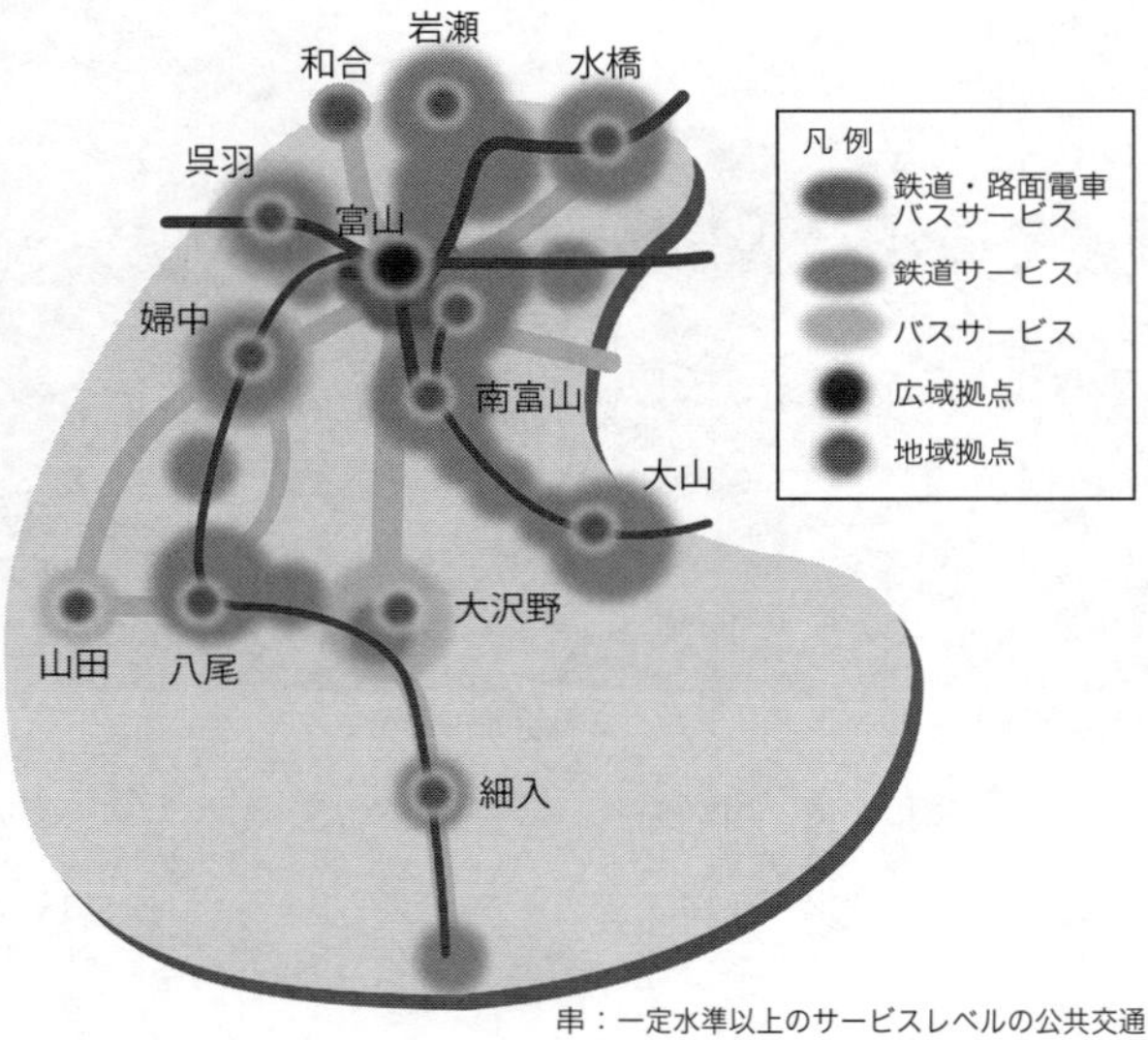

串：一定水準以上のサービスレベルの公共交通
お団子：串で結ばれた徒歩圏

設があるエリアを指す。具体的には、JR高山本線の婦中鵜坂駅や越中八尾駅、あいの風とやま鉄道の呉羽駅や水橋駅、富山地方鉄道の不二越駅や南富山駅、大山駅、富山ライトレールの岩瀬浜駅やフィーダーバス（駅と住宅地を結ぶ支線バス）で結ばれた四方エリア、路線バスの大沢野停留場など、駅や停留場の周辺が「お団子」にあたる。

自動車がなくても、市民の生活が成り立つこと。単に日常生活に困らないというだけではなく、自在に市内を移動できるようにすること。そのために、公共交通を整備すること。通勤、通学、通院などは当然のこととして、買い物、飲食、諸用や散歩も含めて、誰もが行きたいところへ行くことができる権利を守ること。基本にあるのはこういう理念で、都心部の人口増加を目指して、「串」の沿線、駅や停留場から３００～５００メートル圏内の住環境を整備して居住者を増やす、山間部の人口減少については現状維持を目標に、最寄り駅や停留場と集落とを結ぶコミュニティバスを運行したり、赤字バス路線への助成を行ったりする、といった策がとられた。

富山ライトレールの開業から12年を経た現在、富山市が目指す街づくりは、ゆっくりとではあるが、着実に前進しているように見える。自動車に頼らずに移動できるシステムが整いつつある中、免許証を返納する高齢者も増えたという。富山ライトレールでは、運転免許証自主返納者に向けての運賃割引制度を導入した。

富山市の場合、北陸新幹線建設に伴う連続立体交差事業の負担金支給など、財源的に厚い裏付けがあり、既設の路線を転用できる、富山駅の高架化によって分断されていた南北のエリアをひとつながりにするための都市計画が必要だったなど、さまざまな点でＬＲＴ建設を行う条件に恵まれてはいた。しかし何より、先を見据えて、市長、市議会、市民がひとつになって「お団子と串」の街づくりに邁進したことが実を結んだと言えるだろう。

なお、富山市内の路面電車のLRT化の進展については、第6章の富山地方鉄道市内軌道線や、富山ライトレールの項に記した。

「雷都《らいと》」宇都宮市のライトレール計画

現在、栃木県の宇都宮市とその東隣の芳賀町では、2022年度の開業を目指してLRTの建設が進められている。先に紹介した富山市ではJR富山港線の転用や既設の富山地方鉄道市内軌道線の改良でLRT化を行ってきたが、宇都宮はフランスの首都パリと同じように、これまで軌道系公共交通がなかった地域にゼロからLRTを建設することになる。これは日本の鉄道史上において初の、画期的な試みだ。

そもそも、なぜ宇都宮でLRTが建設されることになったのか。

宇都宮市は栃木県の県庁所在地で、人口約52万人、北関東の中核市のひとつである。市街地の中心は、JR宇都宮駅と東武宇都宮駅を結ぶ通称大通りのある一帯で、周辺には県庁や市役所などの官公庁、ホテル、飲食店などが集まっている。また、近年、市域東部の清原地区などにも大規模な工業団地や住宅地、大学、公園などが整備、建設された。

ところが、市域の東西を結ぶ公共交通機関は路線バスしかない（宇都宮の市内を走る鉄道は、ＪＲ宇都宮線も、東武宇都宮線も、南北方向に走る路線である）。市街中心部と清原地区の間には鬼怒川が横たわっている。鬼怒川の両岸を結ぶ橋もバス路線も限られていて、橋の周辺の道では慢性的な渋滞が起きている。

当の宇都宮市は、１９９０年代から東西基幹公共交通整備の検討を行ってきた。そして、近い将来訪れるであろう高齢化社会と人口減少にも対応したコンパクトシティ構築に向けて、ＬＲＴを中核とする公共交通のネットワーク建設を決定したのである。まずはＪＲ宇都宮駅と、清原地区や、宇都宮市東隣の芳賀町の芳賀・高根沢工業団地を結ぶＬＲＴ路線を建設することとして、２０１８（平成30）年３月に国交省の建設認可と栃木県の都市計画事業の認可を得た。

現段階で確定している宇都宮ＬＲＴの路線図と概要を、**表3**と**図9**にまとめたのでご覧いただきたい。路線の起点はＪＲ宇都宮駅の東口で、ＬＲＴはここから鬼怒通りを併用軌道で東に向かう。併用軌道区間は基本的にセンターリザベーション軌道で、軌道敷内は緑化される。架線柱はセンターポール式になる。芝生軌道は、市街地のヒートアイランド現象の軽減に役立つし、街の景観づくりにも一役買うことになる。

表3　宇都宮ライトレールの概要

事　業　の　概　要

営業区間	宇都宮市宮みらい1～芳賀町下高根沢間
営業キロ	14.6km　全線複線 併用軌道区間　約9.4キロ、新設軌道区間　約5.1キロ 併用軌道区間には樹脂固定による制振軌道構造を採用
停留場数	全19カ所　100%バリアフリー対応
車両基地	1カ所　平出町停留場に併設
使用車両（LRV）	17編成　100%超低床車　3連接車体
事業方式	公設型上下分離方式
軌道運送事業者（上）	宇都宮ライトレール株式会社 2015（平成27）年11月設立
軌道整備事業者（下）	宇都宮市、芳賀町
概算事業費	458億円

運　行　計　画

運転時間帯	6時台～23時台
所要時分（全線）	普通列車44分、快速列車38分
運転最高速度	40km／h
運転間隔	平日の朝夕ピーク時6分間隔（10本／時） 休日・オフピーク時10分間隔（6本／時）
運賃	初乗り150円～400円（対距離制）
運賃収受方式	ワンマン運転、ICカード利用による信用乗車方式

車 両 の 基 本 仕 様

軌間	1067mm
電圧	直流750V
定員	155人程度
車両寸法	車体長30m以内、車体幅2.65m、 車体高3.625m、床面高さ300mm
軸重	10.5t以下
最小曲線半径	25m以下
最小縦曲線半径	900m以下
最急勾配	67‰以上
運転最高速度	70km／h以上

図9　宇都宮ライトレール路線図

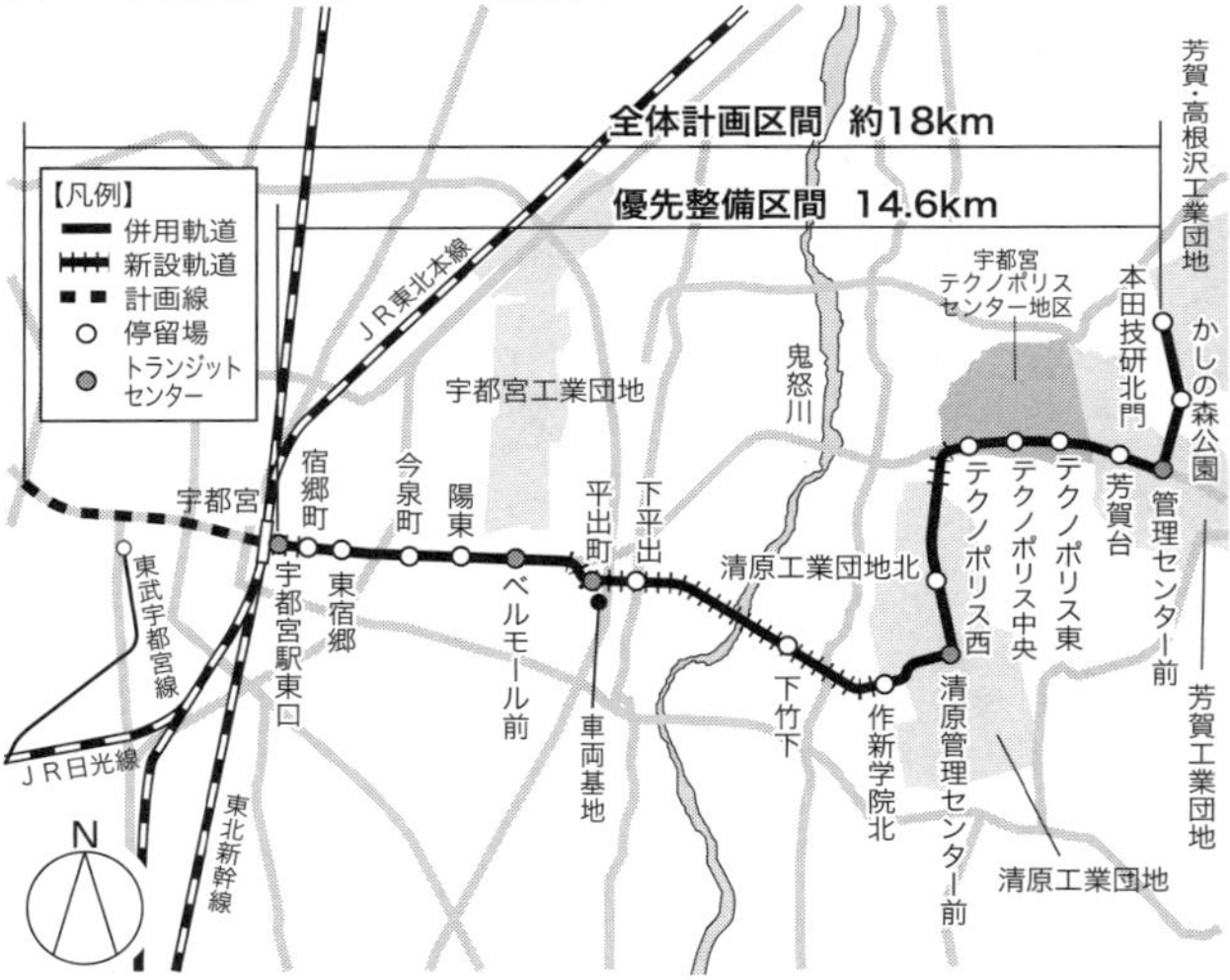

ＪＲ宇都宮駅から5キロほどで、右手に巨大なショッピングセンターのベルモールが現れる。ベルモールの南には宇都宮大学があり、北側には宇都宮工業団地が広がっている。国道４号バイパス手前で鬼怒通りを離れ、平出町に到着する。平出町は宇都宮ライトレールの核となる停留場で、車両基地やパーク＆ライドが併設される予定だ。

平出町からは新設軌道区間で、ＬＲＴ専用の橋梁で鬼怒川を渡り、作新学院大学北側付近まで進む。作新学院北からはサイドリザベーション軌道の並木道になり、清原工業団地の中を進む。

総面積約388ヘクタールもある清原

工業団地は内陸型の工業団地としては国内最大規模を誇り、名だたる企業が進出している。一帯の総従業員数は1万4000人にもなるという。このエリアには工場が立ち並んでいるばかりではなく、清原中央公園や飛山《ひやま》城史跡公園などの公園、Jリーグの公式戦が行われる栃木県グリーンスタジアム、プロ野球の公式戦が行われる清原球場などもある。近くの清原台やテクノポリスには住宅地が広がっている。

このように敷設予定の路線を終点の本田技研北門まで追ってみると、LRTによって変わるであろう風景や暮らしが浮かび上がってくる。市は宇都宮駅方面からの通勤通学者を主な利用者として想定しているとのことだが、LRTは住宅地から行政施設や病院、買い物などに向かう住民や、スタジアムの利用者などにとっても便利な足となるだろう。

概要について少し補足すると、車両のすべてのドアにカードリーダーが設置される。そう、ICカードによる信用乗車方式（セルフサービス方式）が採択されたのだ。

1067ミリという軌間は、将来的にJR線や東武鉄道などの他社線へ乗り入れるトラムトレイン化が想定されているためだ。使用車両は新潟トランシス製の100%超低床車で、富山ライトレールTLR0600形ポートラムや、福井鉄道F1000形FUKURAMなどをベースに宇都宮LRT向けに改良される予定だが、車体長は軌道法の特認を得てシタディス（7連接車体、全長45メートル）のような長編成化を図り、定員と座席数を増やすことも検討されている。また、最高速度も、新設軌道では時速70キロ、併用軌道上は時速50キロとすべく、軌道法の特認を目指す予定だという。軸重を10・5トン以下に抑えるのは、峰町立体の既存施設を活用するためである。

宇都宮市の基本計画では、ＪＲ宇都宮駅東口〜本田技研北門間は第1期の建設区間だ。第2期の計画路線として、ＪＲ宇都宮駅から大通りを西に向かって桜2丁目交差点付近までが予定されている。

私見だが、宇都宮を訪れると宇都宮駅周辺や市街地中心部の一等地のかなりの面積が駐車場に使われているのが目につき、いかにももったいない気がする。これらの駐車場が都市空洞化の印象を強めているようにも見える。ＬＲＴ建設に伴い、中心部の駐車場スペースを有効活用して、商業施設や公共施設、緑地公園などを設ければ、市街地をより活かすことができるのではないか。

第2期以後の建設は未定とのことだが、桜二丁目から西進して作新学院高校や宇都宮文星女子高などへの通学路線を敷設する、大谷から鹿沼方面へ延伸する、東に向かって芳賀町から茂木町方面へと延伸するなどの案も検討されているようで、希望は広がる。

宇都宮LRTが四通八達して、LRTとJR宇都宮線、烏山線、日光線、東武宇都宮線、東武日光線、真岡鐵道などの路線を結んで、軌道系公共交通による広域ネットワークができれば、自動車に頼らなくても県内をある程度自由に移動できる日が来るかもしれない。

LRTが街をつくる

近未来が楽しみだが、宇都宮市がLRTを導入するにあたっては紆余曲折があった。賛否両論があり、市には反対意見も多く寄せられた。LRTの建設は選挙の争点ともなり、2016（平成28）年11月の市長選でLRT建設推進派の候補が反対派の候補を僅差で破って当選し、LRTの建設事業が継続されることになった。

反対派からは、費用対効果の観点からしてバス路線の拡充で対応できるのではないか、建設で赤字が膨らんで市の財政を圧迫するのではないかといった税金の無駄遣いを訴える意見や、沿線の一部地域住民のみを利する建設ではないかという意見が多数あったという。

反対意見に対する市の説明は、LRT営業開始後2年目から単年度収支では黒字となる、9年目には建設費の償却が終わって累計で黒字転換となる、この計算はあくまでLRTの建設と運営に関する単独の収支計算である、というものだった。

一般論ではあるが、LRT建設では、沿線の地域住民だけが恩恵を受けるわけではないのも自明だろう。LRTは、都市環境や景観の改善、行政予算の削減、渋滞の軽減、自動車事故の軽減、交通弱者に対する救済、過疎化への対処など、さまざまな形で自治体の施策と財政を助け、市民の暮らしをよりよいものにするだろう。

さて、コンパクトシティ建設のため、宇都宮市LRTは、交通結節機能の強化、バスネットワークの再編や地域内交通の導入、ICカードの導入など、街づくりの基礎となる関連事業を行うことを掲げている。

交通結節機能の強化については、宇都宮駅東口や平出町、清原管理センター前など、鉄道やバス、タクシーなどとの乗りかえが想定される停留場5カ所をトランジットセンターという名の交通結節点として整備し、同じホームの向かい側で、バリアフリーでバスに乗りかえることができるようにして、交通ネットワークの強化を図るという。「道の駅」のような商業施設や、行政窓口、金融機関、複合医療施設、シネマコンプレックスなどの施設を併設する案も出ている。

また、公共交通の空白地帯を結ぶバスネットワークの構築に向けて、バス路線の見直しを図り、LRTと支線バス（フィーダーバス）や地域内交通（ミニバス、ワゴン車など）

とを7カ所の停留場で接続するという。駐輪場はすべての停留場に、パーク&ライドは3カ所の停留場に設けられる。その際には、地域の公共交通とJRや民鉄各社で利用できるICカードを導入して、運賃計算の煩雑さや運賃授受の手間を省く。

こうした計画の初期段階では、県内の大手バス会社である関東自動車や東野交通は経営を圧迫されるとしてLRT建設に反対していたが、いま両社はLRT運営会社の出資者となり、LRTと連絡する新たな路線網構築の検討を行っているという。

翻って、宇都宮のような大きな都市でLRTをゼロから建設するのは、どれだけ大変で勇気のいることだろう。しかしいま、宇都宮ではよい意味で先鋭的で配慮にあふれたシステムが構築されようとしている。

宇都宮LRTは近未来の地方都市があるべき姿を模索しながら、その可能性を切り開いてみせてくれることだろう。

第5章
路面電車の車両の話

N電から新幹線へ、LRVへ

第2章で述べたように、日本の電車の歴史は京都電気鉄道のN電から始まり、鉄道線、軌道線それぞれに発展した。鉄道線では新幹線車両や通勤近郊万能型のJR東日本E233系電車、私鉄各社の特急形電車などに結実している。

一方、路面電車は、おもに市街地の路上を走る電車としての進化を続けた。速度やパワーよりも、安全性や騒音の低減、環境への配慮、車両自体のバリアフリー化などに重点が置かれ、都市景観の構成要素としてのデザイン性や地域のプロモーションの役割も兼ねた車両へと発展してきた。

その結実のひとつが、各地で導入されているLRVである。しかしLRVは、まだ全車両のほんの一部に過ぎない。一気に新型車両の投入をはかった東急世田谷線や富山ライトレールを除けば、各路線では明治や戦前に登場した古豪を含む多種多様な電車が入り交じって走っている状態だ。

この多種多様さは、見た目だけではちょっとわかりにくいかもしれない。古豪の車両も、平成生まれの新型車両も、LRVも、新しさや古さ、車両の形以外に、さして差違がないように見えてしまうからで、とどのつまり、「全部、道路を走っている電車ということで

豊橋鉄道東田本線のLRV、T1000形「ほっトラム」。豊橋市公会堂前で

しょう?」ということになりかねない。

　では、路面電車と鉄道の車両は、どのように「違って」進化したのか。目で見てすぐにわかる違いは、車体の長さや編成の長さが異なるということだ。路面電車の車両は、長くても30メートル以内で（特認の例を除く）、編成も短い。鉄道の車両は１両約20メートルの車両を10両（中央線）とか、11両（山手線）とか、長くつないでいる。ここまで姿が違うと、進化の果てに両者がまるで別の乗り物になってしまったかのようにも思えるが、実はそれは、外観上、容姿上でのことなのだ。

　一例として、Ｅ２３３系と、国産ＬＲＶを代表するアルナ車両のリトルダンサーシリーズを比較してみると、
・制御方式は、ＩＧＢＴ－ＶＶＶＦインバータ制御

・駆動方式は、カルダン駆動方式
・ブレーキ方式は、回生ブレーキ併用電機指令式ブレーキ
このように、走行のシステムには共通項がある。ちなみに回生ブレーキとは、ブレーキをかけたときにモーターを発電機として使用して電力を発生させ、発生した電力を架線に戻して後続の車両が使用できるようにするという省エネ効果に優れたブレーキ方式である。

この例に限らず、鉄道と路面電車の走行に関わる基本構造には共通項が多い。軌道であろうと鉄道であろうと、車両が「電車」として進化を遂げてきた以上、「電気を使って走る」という意味においては、構造に変わりはないのである。

ただし、路面電車の車両がある時点で進化を止めてしまって、その結果、鉄道車両とは大きく異なってしまったという部分はある。それは車体の素材である。

鉄道車両の車体は、木造車から始まって、半鋼製車、鋼製車へと進化してきた。やがて鉄道用の車両にはステンレスやアルミが用いられるようになった。いまでは、鉄道車両の新製車の大部分は、オールステンレス車体かアルミ合金車体となっている。

車体にステンレスやアルミを用いると、車体が軽量化でき、スピードアップが図れて、路盤に対する負担も減じることができる。両方ともおしなべて耐久性が高く、特にステン

レスは腐食に強く、塗装の手間がかからず、費用も安価で済むなどの利点があり、車両の素材として使いやすいようだ。

ところが路面電車の車両は、最新のLRVでもほとんどが鋼製車のままだ。例外は、セミステンレス車体を用いている東急世田谷線の300系と、アルミ合金車体製の広島電鉄5000形GREEN MOVERくらいだ。

これは、いったいなぜか。路上を走る路面電車は自動車と接触する恐れがあるが、鋼製の方がより安全で、修理も容易であるからだ。ステンレスやアルミは一度成型すると叩き直しができないので、路面電車では、鋼を用いて、凹みや歪みを修理したほうが修理費も抑えられることになる。

例外について補足すると、東急世田谷線でセミステンレス車両が使用されているのは、東急世田谷線は全線が新設軌道で、自動車と接触する恐れがほぼないからだろう。「ほぼ」の例外は、交通量が非常に多い環状七号線と交差する若林踏切だが、第1章で紹介したように、東急世田谷線はこの踏切で信号待ちをするのでセイフティだ。

また、広島電鉄5000形GREEN MOVERはドイツ・ジーメンス社製で、日本の車両メーカーが超低床車の製造を始める以前にいち早く輸入された車両だった。広島電鉄では主に鉄道線の宮島線に直通する2号線で使用されており、走行距離は軌道線が5・4キロ、鉄道線が16・1キロで、鉄道線での仕事の方が長い。

バイクじゃないけど、単車がある

路面電車の車両の編成には、単車、連結車、連接車などの区分がある。

単車は1両で運転できる車両である。日本では車体の両端に運転台が設けられていることが多いが、海外では運転台が片側にしか付いていない車両もある。なぜかと言うと、路線の終点が折り返しではなく、折り返し用のループ線を利用して車両の向きを変えられる路線が多いからだ。乗降ドアが片側だけの車両もあり、片側ドアの車両では、その分座席数を増やすことができる。

連結車は、一般的な鉄道車両と同じように1両に2つの台車があって（単車も同様です）、2両以上の車両を連結器で連結したもので、

・単車同士を連結したもの
・電動車にモーターのない付随車を連結したもの
・一般の電車と同じく数両の電動車と付随車を組み合わせて編成を組んだもの

運転台は先頭車両、乗降ドアは進行方向右側だけに設けられているライプツィヒのLRV

の3種類がある。

連接車は、1つの台車を複数の車体で共用して、複数の車体を組み合わせて編成を組んでいる。編成の両端と連結部分に各1台の台車があるのが基本形で、2連接車なら3台車、3連接車なら4台車となる。最近では、台車のある車体で台車のない車体を挟んで支えるフローティング構造の車両も登場している。

単車は多くが車長12〜13メートル前後で、連結車や連接車なら、当然編成は長くなる。

日本で最長の連結車は、京阪京津線の800系である。1両が16・5メートルの4両編成で、全長は66メートルになる。最長の連接車では、広島電鉄の5000形GREEN MOVERだ。5車体3台車の連接車で、全長は30・5メートルもある。

路面電車と聞いて一般的に思い浮かべるイメージをはるかに超える長さだと思うが、京阪京津線８００系も、広島電鉄５０００形ＧＲＥＥＮ ＭＯＶＥＲも、間違いなく路面電車である。実は両方とも、軌道法の編成長の制限30メートルを超えており、国土交通省の特認を受けて道路上を走っているのだ。

路面から車両の床までわずか18センチ！

路面電車は、車両の床の高さによって、超低床車、低床車、高床車と呼び分けられる。以前の路面電車は、普通の電車と同じく、台車の上に車体を載せた高床式の車両で、停留場にホームを設けるか、車体の乗降口にステップを付けるかして乗降する仕組みだったが、最近ではバリアフリー化を目的として、車体の床面の高さがわずか３００ミリという超低床車も登場している。３００ミリは停留場の低いタイプのホームとほぼ同じ高さで、ほとんど段差がない。

低床車は低床面積の割合によって分類される。１００％低床車、乗降口周辺が低床の40％低床車、台車部分だけが高床の70％低床車、などである。

ブレーメンの超低床車

世界で最初に実用化された低床車は、１９８７年に登場したフランスのグルノーブルの70％低床車だった。１００％低床車が登場したのは１９９０年で、初めて投入されたドイツの街の名前から、ブレーメン式と呼ばれることもある（車両形式名から、ＧＴ形と呼ばれることもある）。ブレーメン市ではこの低床車を使用して空港アクセスを行っていて、大きなバゲージの積み卸しに便利だとの評判だ。

１００％低床車は、車軸のない独立車輪式台車を使用することが多いが、アルナ工機（現・アルナ車両）の「リトルダンサーシリーズ」などでは、車体装架カルダン駆動方式と輪軸を組み合わせるなどして、１００％低床化を実現している。

世界でもっとも低床の車両はウィーンのＵＬＦ（Ultra Low Floor）形で、床面の高さは路面から

180ミリしかない。

ところで、低床車は乗降性に優れているが、低床車ばかりがバリアフリーに対応しているわけではない。高床車では、車両の乗降口と同じ高さにホームの高さをそろえ、ホームの方にスロープを設けるなどの工夫が行われている。都電荒川線や東急世田谷線などでは全車両が高床式で、この方法が採られている。車両の高さがそろっているからこそできる工夫だ。

パンタグラフで信号を切り替える!?

電気を動力として走る車両には、基本的に集電装置が必要だ（いまのところ）。電車の集電装置として最初に用いられたのはトロリーポール（Trolley pole）という集電器だった。戦後は長らくビューゲル（Bügel）が使用されていた。ビューゲルは金属のパイプで細長い食パン状の枠を組んだ形状で、「蝿たたき」とも呼ばれていた。

現在は、周知のとおりパンタグラフが集電装置の主流となっているが、最近では、従来の菱形やZ形に代わって、シングルアームパンタグラフが増えている。岡山電軌では「石津式」という独自のパンタグラフも使用している。これは六代目の社長石津龍輔氏が考案

広島電鉄の架線の間に取り付けられたトロコン

したもので、非常にユニークな形状をしているので、岡電に乗る機会があったら、目を留めてみていただきたい。

ところで、路面電車のパンタグラフは、架線から電気を取り込むほかに交差点で信号を変えたり、ポイントを切り替えたりする役目も負っている。車両の屋根の上のパンタグラフで路上のポイントを切り替えるのは、なんとなく不思議な感じがするだろうか？　鉄道のポイントなら、転轍機を用いて切り替えたり、運転指令所で全線のポイント管理を行ったりしているところだ。

路面電車でもかつては手動の転轍機でポイントの切り替えが行われていたのだが、現在は、信号やポイントの切り替えはトロコン（トロリーコンタクター）で行われている。トロコンとは、架線に取り付けられたスイッチ状の装置のことで、電車のパンタグラフがトロコンを叩く、つまりスイッチを叩くことによって、電車の通過が把握され、信号やポイントの切り替えが行われるのである。

例外になるが、伊予鉄の「坊っちゃん列車」は機関車+客車という編成で、パンタグラフがないため、客車の屋根にビューゲル状の装置を取り付けてトロコンに対応している。

車両の再就職

ある鉄道会社に高性能の新型車両が登場して、旧型車両がお払い箱になることがある。路線の一部が廃線となって、車両が余ることもある。引退車両は、そのまま廃車となる場合もあるが、別の会社から声がかかって、再就職を果たす場合もある。

特に広島電鉄や長崎電軌にはこうした各地でお役御免となった車両が数多く在籍しているため、路面電車の「走る博物館」と呼ばれることがある。

もとの所属会社を見てみると、広島電鉄には京都市電、大阪市電、神戸市電、西鉄市内線、長崎電軌には都電、仙台市電、箱根登山鉄道、京都市電、大阪市電、阪急北野線、西鉄市内線、熊本市電の車両が集まっている。

相生橋を渡る1911号。元京都市電1900形で、1978年に広島電鉄に移籍

いわゆる再就職組には、やはり優秀な車両や若い（製造年が新しい）車両が多いようだ。いまではすっかり古豪となった広島電鉄や長崎電軌の車両も、再就職時には若かった。

2005（平成17）年4月1日に廃線となった名鉄岐阜市内線、美濃町線、田神線でも、最後に在籍していた全21両中の19両が土佐電気鉄道（現・とさでん交通）、福井鉄道、豊橋鉄道の各社に再就職した。そのうちのモ800形3両などは、2000（平成12）年に登場したばかりの車両だったため、移籍先の豊橋鉄道と福井鉄道でも主力車両として活躍している。

再就職した車両は、乗降方法や安全システムなど、移籍先に合わせた改造や調整が必要だが、路面電車の場合、電圧や信号システムなど

豊橋鉄道東田本線モ780形。元名鉄岐阜市内線の車両だ

が同じことが多いため、さほど間を置かずに走り始めることができる。軌間の違いは、台車の交換だけで済むことが多い。

車両の移籍先は国内だけとは限らない。2015（平成27）年、広島電鉄は、ミャンマーの要望を受けて、ミャンマー初の電化路線ストランド線の実験線に向けて、中古車両の750形（広島電鉄の前は大阪市交通局に在籍）と3000形（広島電鉄の前は西日本鉄道に在籍）を譲渡した。

路面電車では他に海外に移籍した例を聞いたことはないが、鉄道線の電車や客車は、東南アジアを中心に世界各国で第二の人生を歩んでいることが多い。旅先や出張先で「あれ、この電車、どこかで見たことがあるな」と目を留めたことがある方もおられるだろう。

「金魚電車」の愛称がある、とさでん交通の元オスロ市電198形

逆の例では、とさでん交通、広島電鉄、福井鉄道には、海外から日本にやって来た車両が在籍している。とさでん交通では、オスロ（ノルウェー）市電198形、グラーツ（オーストリア）市電320形、リスボン（ポルトガル）市電910形。広島電鉄では広島の姉妹都市ハノーファー市（ドイツ）から寄贈された200形「ハノーバー電車」、福井鉄道ではシュトゥットガルト（ドイツ）市電のF10形「RETRAM（レトラム）」が移籍組だ。

車両の再就職にも、転職、引き抜き、縁故、第二の人生、リタイア後の名誉職、国際協力など、さまざまな事情が絡んでいる。

車両のリフォーム

家と同様に、路面電車もリフォームされることがある。リフォームされた新しい車両は、車体更新車と呼ばれる。

電車の車体は概ね30年ほどでガタが来るが、路面電車は走行距離が短く、速度もあまり出さないので、走行機器類が長持ちし、50～60年使用できることがある。そこで、古い車両の状態の良い機器類を新しい車体に載せて、車両を生まれ変わらせる。これが路面電車のリフォームで、機器流用車と呼ばれることもある。また、古い車体をレストアして流用し、制御方式や駆動方式、台車を交換するなど、走行機器類を更新する場合もある。

広島電鉄や長崎電軌には、廃線になった各地の車両を譲り受けてリフォームした車体更新車が数多く在籍している。例を挙げると、広島電鉄５７０形は、１９１９（大正８）年に製造が開始され、１９２６（大正15）～１９３１（昭和６）年の間に製造された元神戸市電５００形の車体更新車である。広島電鉄と長崎電軌にとって、車体更新はお家芸のひとつと言えるだろう。

都電荒川線の最新の車両は７７００形だが、この車両のルーツをたどると、１９５４（昭和29）年に登場した７０００形に行き着く。７０００形は、１９７８（昭和53）年に行われたワンマン化の際に一度車体が更新されている。その後も、ビューゲルがパンタグラフに換装されたり、冷房化が行われたりした。２０１６（平成28）年５月からは、７０００形の車体や冷房装置を流用して、制御器を抵抗制御からＶＶＶＦ制御装置に換装したり、台車を交換したりするなど、走行機器類の新造が行われて、７７００形になった。

現在の７７００形に登場当時の７０００形のオリジナルのパーツがどれだけ残っているのかは簡単に説明できることではないが、すばらしくも凄まじい話である。

レトロ電車

レトロ電車は、路面電車文化を象徴する車両と言ってよいだろう。特に定義はないのだが、創業当時の車両や、懐かしさを演出する企画車両をプロモーションの一環として用いる事業体が増えてきた。

大きく分けると、製造から百年前後を経た古い車両をレストアして登場当時の姿に復元した車両と、新造車を古き時代の電車のスタイルに似せた車両とがあり、外観だけがレトロ調だったり、内装もレトロ調だったり、車内は「走る歴史博物館」的な展示スペースになっていたりと、レトロの度合いはさまざまだ。

末広町付近を行く函館市電30形「箱館ハイカラ號」

現役最古参の阪堺電軌モ161形166号

古典車両のレストアバージョンとしては、函館市電の30形「箱館ハイカラ號」（１９１０年製）、阪堺電軌モ１６１形（１９２８年製）、長崎電軌１６８号「明治電車」（１９１１年製）などがある。明治～昭和初期に生まれた車両が、誕生当時のスタイルに戻されて、ノスタルジックな雰囲気を漂わせながら走っている。

新造車のレトロ電車には、都電荒川線の９０００形、嵐電モボ21形、広島電鉄１０１号「大正形電車」、伊予鉄坊っちゃん列車、とさでん交通７形「維新号」、鹿児島市の１００形「かごでん」などがある。

２０１８年は１８６８年の明治改元から１５０年ということもあって、開港場の函館や長崎、旧土佐藩（とさでん交通）や旧薩摩藩（鹿児島市電）では、レトロ電車を使用した記念運転やイベントが多数行われた。

こうしたレトロ電車は地域の歴史の目撃者、あるいは歴史を語る観光大使、といったところだろうか。

公道上の営業路線ではないが、愛知県犬山市の博物館明治村や京都の梅小路公園では、京都電気鉄道時代の姿に復元されたＮ電が運転されている。

函館市電の排形ササラ電車

働く車両、華やかな車両

消防車や救急車、クレーン車などを総称して、「はたらくくるま」ということがある。

路面電車にも、芝刈り電車やササラ電車、居酒屋電車など、特殊な機能や付加価値をプラスした車両がある。

ササラ電車は、札幌市電と函館市電で使用されている除雪用の電車だ。ササラとは竹のブラシのことで、車両の前面下部にササラでできたブルーム（箒）があり、これを回転させて軌道の除雪をする。ブルーム式除雪車ともいう。

最近は居酒屋電車も増えてきた。各地で冬の「おでん電車」、夏の「納涼ビール電車」などが運転されて人気を集め、貸し切り電車としても利用されている。

鹿児島市電の芝刈り電車。草刈りと散水を行う

ところで近ごろ各地で増えている働く電車が、車体広告車だ。広告など余計だ、オリジナルの車体やカラーが見たいという考え方もあるだろうが、運営会社にしてみれば、広告車両は稼ぎ頭――きわめて重要な収入源である。乗客の立場から言えば、地元の企業や地域のイベントなど、ローカル色豊かな広告車両を眺めて、旅情を覚えることもある。

車体広告は、以前はペインティング（塗装）が中心だったが、最近では広告を印刷したラッピングフィルムを車体に貼り付けるやり方が増えていて、ラッピング電車と呼ばれている。マンガやテレビアニメ、映画等のプロモーションと作品の舞台となった地域の宣伝、振興を兼ねたラッピング電車もよく見かけるようになった。

ざっと挙げてみると、札幌市電の「雪ミク（初音ミク）」、万葉線の「ドラえもんトラム」、京阪石山坂本線の「ちはやふる」、とさでん交通の「アンパンマン電車」など、ラッピング電車は全国で花盛りといった様相だ。

路面電車は時代の空気を映し出す。地域振興の時代、ラッピング電車はこれからますます増えていくのかもしれない。

第6章

全路面電車を概観する

【路線図凡例】

━━━━	併用軌道（複線区間）
┿┿┿┿	新設軌道（複線区間）
────	併用軌道（単線区間）
┼┼┼┼	新設軌道（単線区間）
━ ━ ━	ＪＲ線（新幹線を含む）
────	民鉄線（索道を含む）
░░░░	主な道路（高速道）
░░░░	主な道路（一般道）

※2018年11月1日現在のデータです。
終端部のみ新設軌道や単線区間となる停留場がありますが、路線図では省略しています。

併用軌道にはリザベーション軌道・芝生軌道区間などを含みます。

路面電車19事業体の現在

ここまで、路面電車とは何か、路面電車と一般の鉄道の違いはどこにあるかのということを考えてきた。路面電車の歴史を繙き、海外の事例も検証した結果、日本における路面電車の現在の立ち位置らしきものが見えてきたと思う。

では、いま実際に日本で走っている19の路面電車は、どのような路線で、どのような経緯で存続し、それぞれの地域にとってどのような存在なのか。開業から現在に至るまでの歴史をざっくりと見直し、現状や将来計画について眺めわたしてみたい。

路面電車に興味がなければ、さして代わり映えのしない車両が日本中の市街地をコトコト地味に走っている、ように感じられるかもしれないが、さにあらず。ササラ電車が除雪に励む札幌や函館、飛鳥山の満開の桜の下を行く荒川線、残雪の立山連峰を背景に橋を渡る富山ライトレールや万葉線、広隆寺門前を進む嵐電、いまなお現役で走り続ける広島の被爆電車、震災からの復興をめざす市民の励ましとなっている熊本市電……。19の路線はそれぞれが地域に根ざして活躍しており、それぞれが独自の個性を発揮している。

路面電車は市民の暮らしのそばにあり、暮らしに密接した身近な乗り物として生きている。日本の各地で地元の風景に溶け込んで、土地土地の素顔を見せてくれる存在だと思う。

札幌市電（札幌市交通局）――北海道札幌市中区

環状運転が始まり、観光の足としてもより便利に

２０１５（平成27）年12月20日、西４丁目とすすきのを結ぶ路線がつながり、札幌市電のループ化が完成した。山手線で言うならば、それまでは上野～神田間がつながっていなかったようなもの。市街地南西部をぐるりと周回する環状運転が始まって、札幌市電は本当に使いやすくなった。

２０１５年の開業区間は、新たに開通した路線ではなく、１９７３（昭和48）年４月１日に一度廃止された区間が42年ぶりに復活したものだ。再開通にあたっては、地下鉄南北線との関係、自動車通行の問題など、紆余曲折があったようだ。

札幌の市電の開業は、１９２７（昭和２）年12月１日。前身は札幌電気軌道で、歴史をさかのぼれば、１９０９（明治42）年に石材運搬のために建設された札幌石材馬車鉄道に行き着く。札幌電気軌道時代には16・３キロの路線が開通しており、市営化後も市街地の拡大とともに次々に新路線が建設された。１９６３（昭和38）年に開業した鉄北線北27条～麻生町間は非電化で、なんと路面気動車が走っていた。

状況が激変したのは１９７２（昭和47）年で、この年の札幌オリンピック開催に合わせ

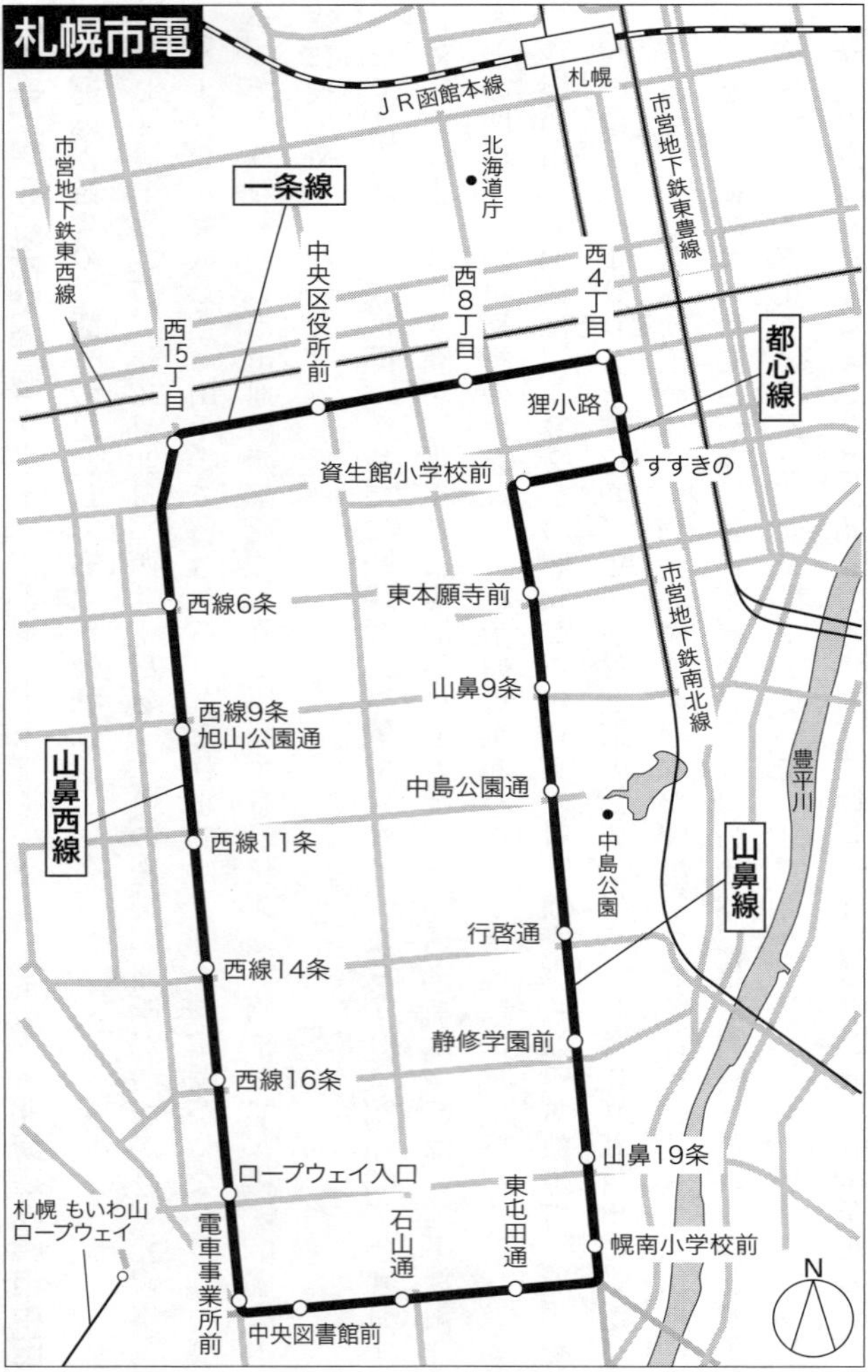

札幌市電
JR函館本線
札幌
北海道庁
市営地下鉄東豊線
市営地下鉄東西線
一条線
中央区役所前
西8丁目
西4丁目
西15丁目
都心線
狸小路
すすきの
資生館小学校前
東本願寺前
西線6条
市営地下鉄南北線
山鼻9条
西線9条
旭山公園通
中島公園通
山鼻西線
西線11条
中島公園
豊平川
山鼻線
行啓通
西線14条
静修学園前
西線16条
山鼻19条
ロープウェイ入口
東屯田通
札幌 もいわ山
ロープウェイ
石山通
幌南小学校前
電車事業所前
中央図書館前
N

ロープウェイ入口付近で「ポラリス」が行き交う

て地下鉄南北線が建設され、建設の前後に多くの路線が廃止された。

現在はと言えば、札幌駅、苗穂駅、桑園《そうえん》駅方面への路線の延伸が計画されている。札幌市電初の超低床車Ａ１２００形「ポラリス」も導入された。すすきの～資生館小学校前間のセンターポール化や、軌道、安全地帯の改修も行われ、全停留場に安全柵、ロードヒーティング、上屋が設けられている。また、新規開業区間はサイドリザベーションで建設され、狸小路停留場は歩道から直接乗降できるようになった。紆余曲折を乗り越えて生き延びた路線が、新たな時代を生きはじめていると感じる。

市電沿線には、大通公園や時計台、北海道庁旧本庁舎、北大植物園、中島公園などの観光名所、すすきのや狸小路商店街などの繁華街があり、旅行者にとっても使い勝手がよい。

【路線データ】営業距離8・9キロ／軌間1067ミリ／停留場・駅数24／車両30両3編成・除雪車4両／Webサイト・http://www.city.sapporo.jp/st/

函館市電（函館市企業局交通部）――――北海道函館市

北海道新幹線開業で、より身近な存在に

函館は、古くは「箱館」だった。幕末の開港場だった箱館は、長く北海道のゲートウェイの役割を担い、1940（昭和15）年までは道内最大の人口を擁していた。北海道初の電車が走ったのも函館で、函館水電（現・北海道電力）が函館馬車鉄道を買収して、1913（大正2）年に東雲町～湯川間を電化して、路面電車の運行を始めた。この路線が1943（昭和18）年に道南電気軌道に譲渡され、同年函館市に譲渡されて函館市電となった。函館市電となるまでには、1926（大正15）年の新川車庫火災による31両焼失、1934（昭和9）年の函館大火による48両焼失という受難もあった。

後年、北海道の表玄関は新千歳空港に移ったが、2016（平成28）年に北海道新幹線が開業し、再び函館に注目が集まっている。

函館港を背景に、十字街〜末広町間を進む函館市電

北海道新幹線の終点新函館北斗駅から、ＪＲ函館線の函館駅までは約20分。函館市電は、函館駅前を中心に、函館どつく前、谷地頭、湯の川方面へと路線を延ばしているので、利便性が高い。

市内観光の拠点となるのが十字街停留場で、十字街から函館山ロープウェイ乗り場までは徒歩約10分だし、港方面へ向かえば金森レンガ倉庫がある。函館どつく前方面へ向かえば、旧イギリス領事館、旧ロシア領事館など、明治・大正期の洋館が立ち並ぶ異国情緒ある街並みを歩きやすい。また、五稜郭公園前は、五稜郭公園まで一番近い電停である。

以上はほんの一例であり、停留場間が短い市電は、観光で訪れる側、迎える側双方にとって非常に使いやすい足であり、さまざまな可能性、発展

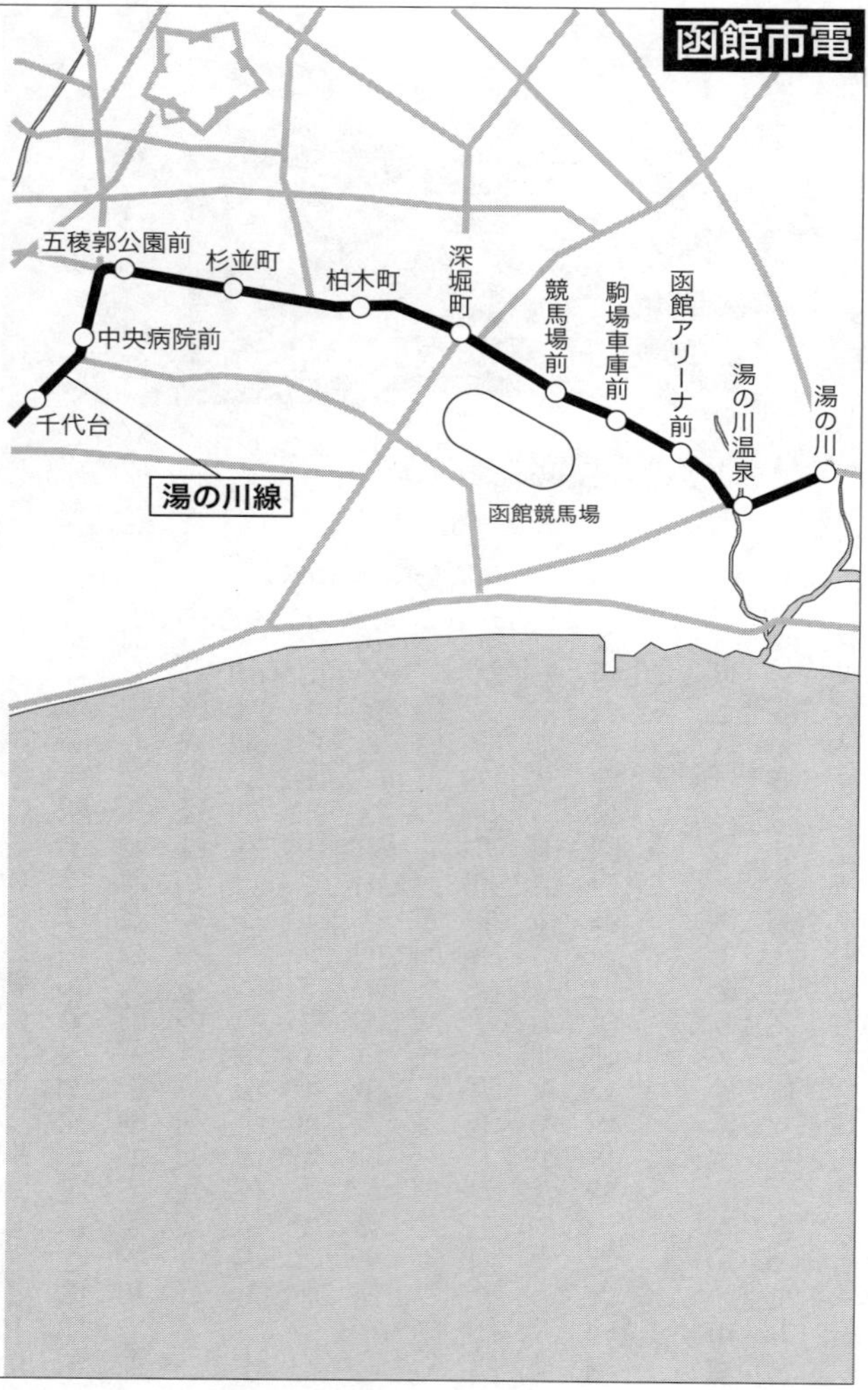
函館市電
五稜郭公園前
杉並町
柏木町
深堀町
競馬場前
駒場車庫前
函館アリーナ前
湯の川温泉
湯の川
中央病院前
千代台
湯の川線
函館競馬場

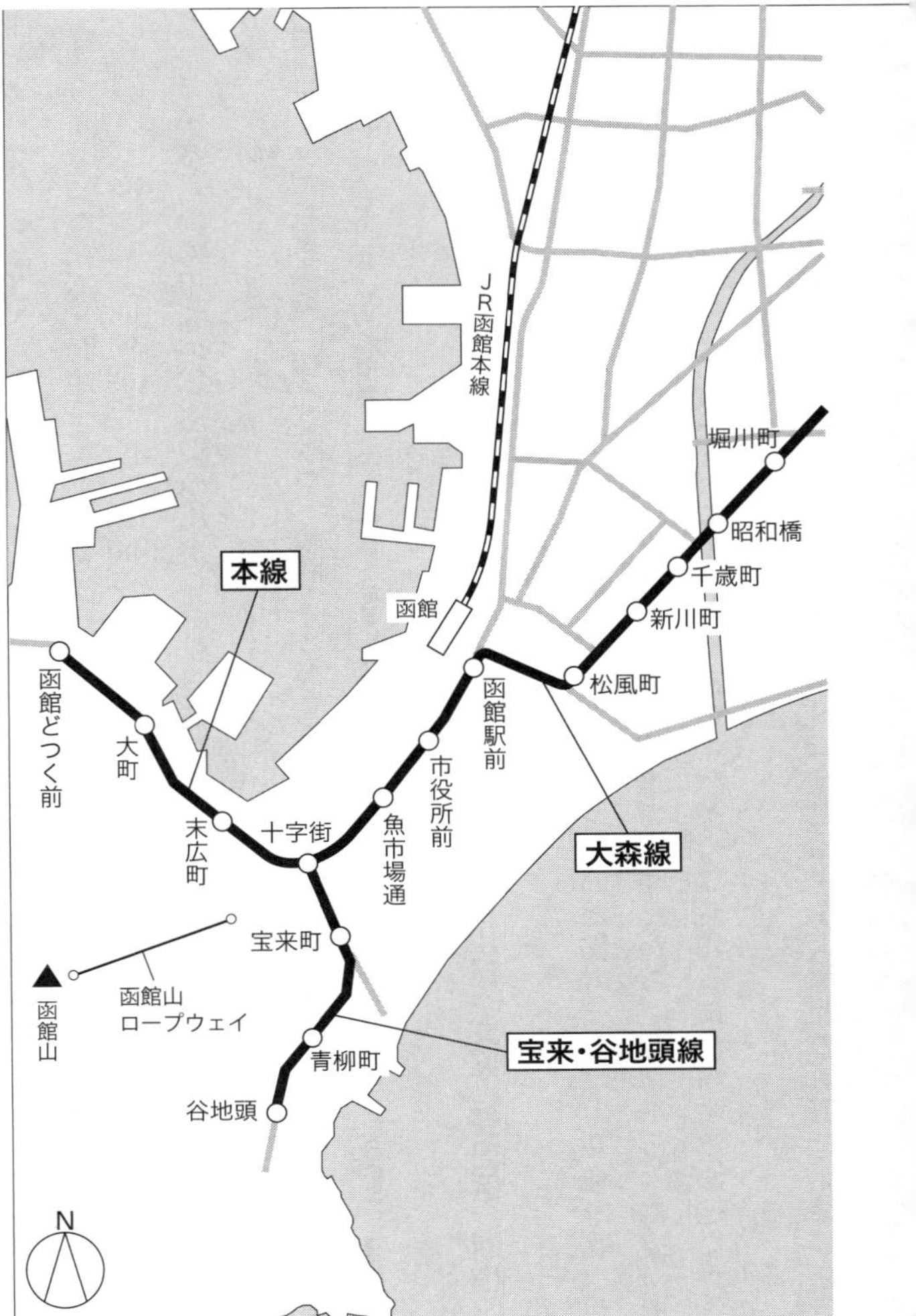
JR函館本線
堀川町
昭和橋
千歳町
新川町
松風町
函館
本線
函館駅前
市役所前
魚市場通
十字街
末広町
大町
函館どつく前
大森線
宝来町
函館山ロープウェイ
函館山
青柳町
宝来・谷地頭線
谷地頭
N

性を秘めていると思う。

1910（明治43）年生まれの「箱館ハイカラ號」、1959（昭和34）年製の710形電車、2007（平成19）年の「らっくる号」の登場など、函館市も事業体としてがんばっている。湯の川線の終点湯の川から函館空港ターミナルビルまではわずか2キロほどなので、将来はライトレール化して空港アクセスも担ってもらいたいものだ。

【路線データ】営業距離　10・9キロ　軌間1372ミリ／停留場・駅数26／車両29両4編成・除雪車2両・花電車3両／Webサイト・http://www.city.hakodate.hokkaido.jp/bunya/hakodateshiden/

都電荒川線（東京都交通局）——東京都荒川区、北区、豊島区、新宿区

いまや新東京名所。愛称は「東京さくらトラム」

全盛期には200キロ以上もの路線が東京中をめぐっていた都電。その中で唯一残った路線が荒川線だ。残った理由は、ほぼ全線が新設軌道であったから。それから、軌道の近くを並走する明治通りの渋滞が激しく、路線バスの代替では荒川線に相当する輸送力がまかなえないという事情もあったようだ。

荒川線の前身は1911（明治44）年8月20日に飛鳥山上～大塚間の軌道を開業した王

荒川区役所前付近から東京スカイツリーを望む

子電気軌道で、１９４２（昭和17）年２月１日に戦時下の陸上交通事業調整法に基づく交通統制により、東京市電となった。

都電となってからは、三ノ輪橋～赤羽間の27系統と荒川車庫前～早稲田間の32系統が運行されていたが、１９７２（昭和47）年11月12日に王子駅前～赤羽間が廃止され、１９７４（昭和49）年には27系統と32系統が統合されて１路線１系統となり、このとき「荒川線」という名称が付けられた。長らく旧型車両ばかりが使用されていたが、１９９０（平成２）年に28年ぶりの新車８５００形が登場した。その後も新製車の増備が進み、現在では旧型車両はすべて新車に置き換えられている。

荒川線は、上野や池袋などのターミナルから遠く、終点の早稲田も東京メトロ東西線の早稲田駅

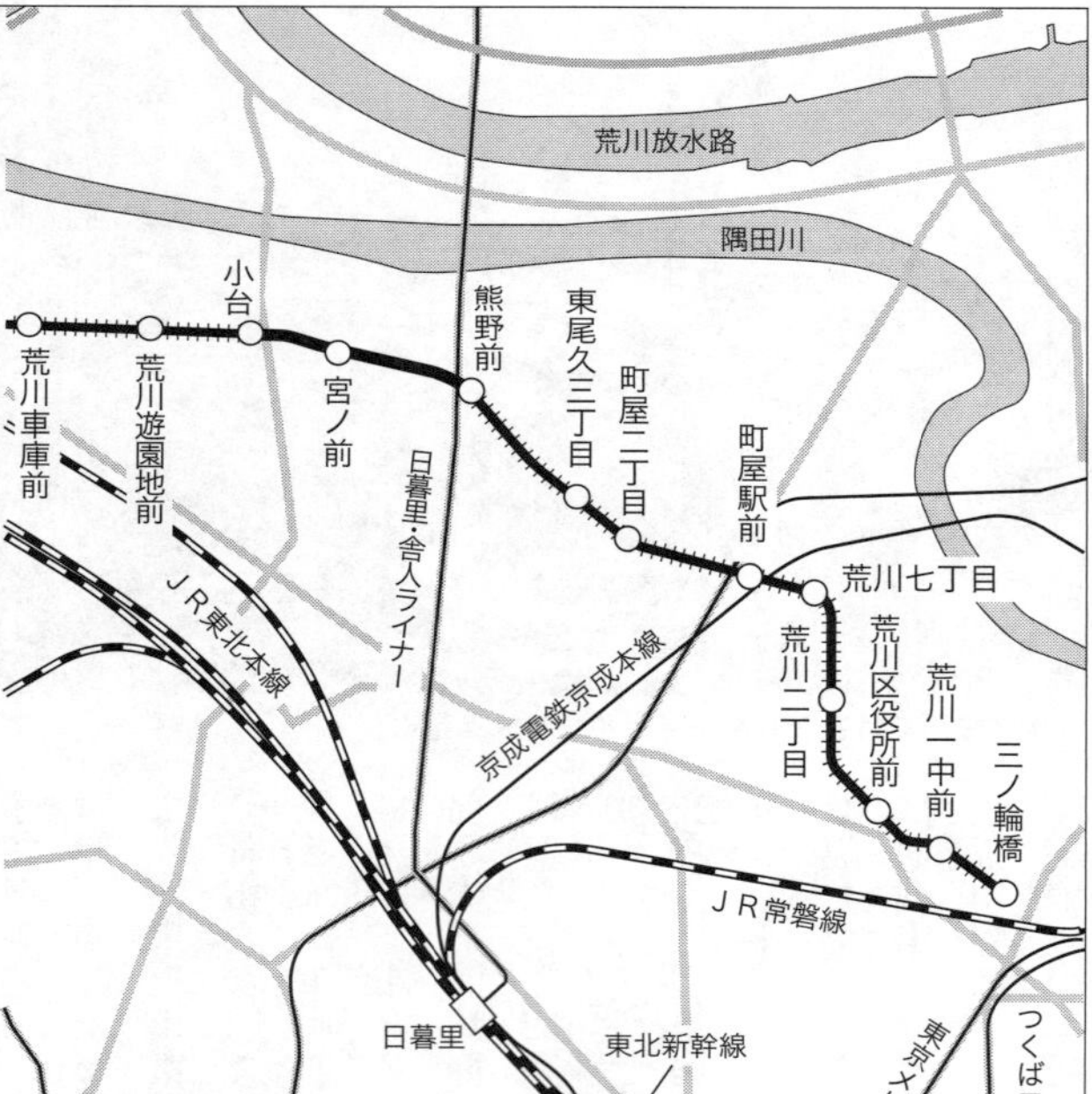
荒川放水路
隅田川
小台
熊野前
東尾久三丁目
町屋二丁目
町屋駅前
荒川七丁目
荒川車庫前
荒川遊園地前
宮ノ前
日暮里・舎人ライナー
ＪＲ東北本線
京成電鉄京成本線
荒川二丁目
荒川区役所前
荒川一中前
三ノ輪橋
ＪＲ常磐線
日暮里
東北新幹線
東京メトロ日比谷線
つくばエクスプレス
東京メトロ千代田線
上野
都営地下鉄大江戸線

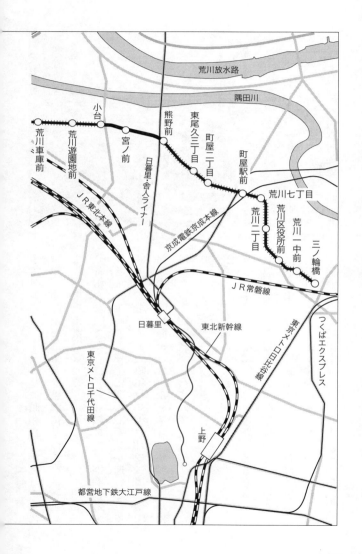

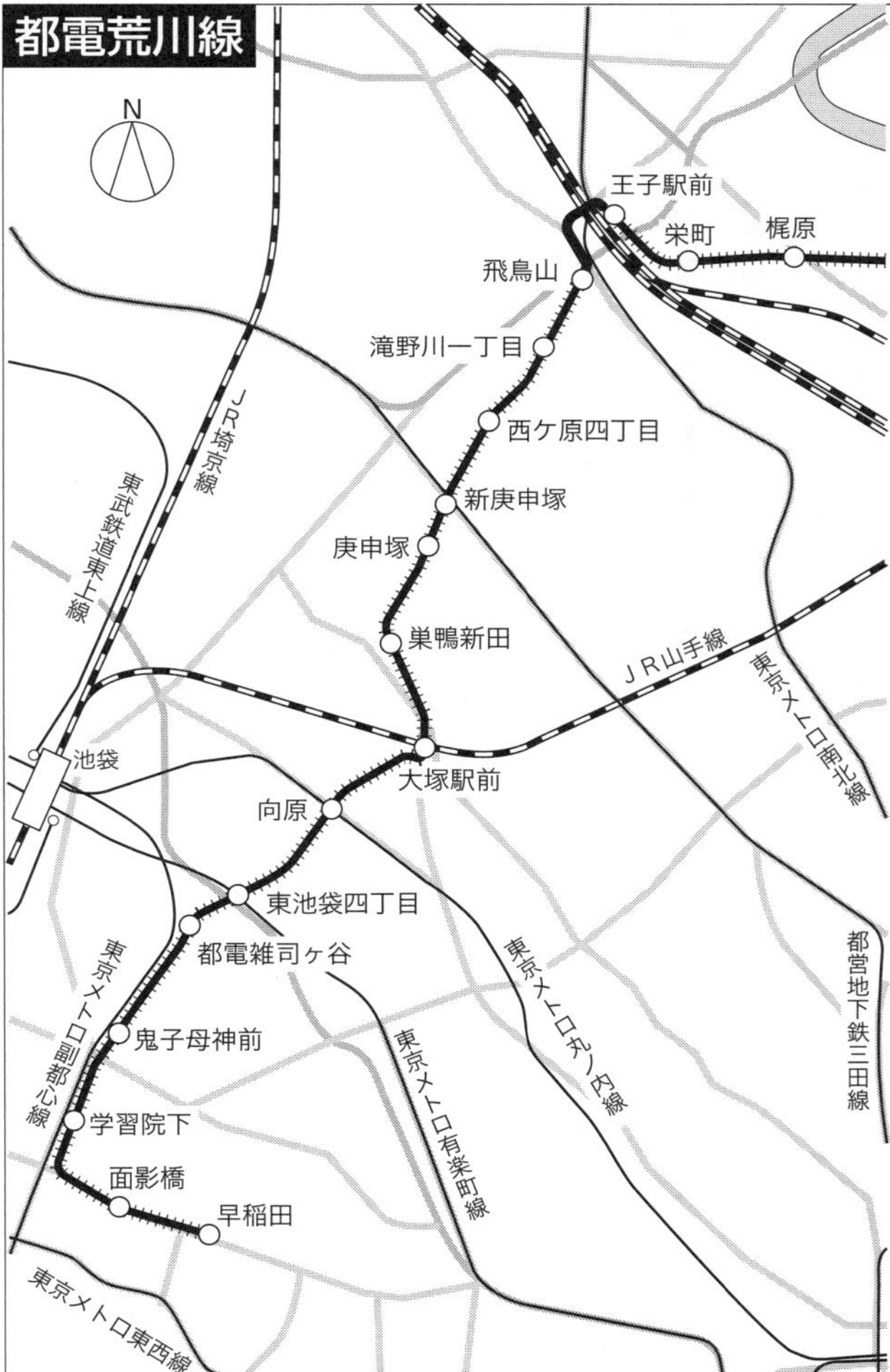
都電荒川線
N
王子駅前
栄町
梶原
飛鳥山
滝野川一丁目
西ケ原四丁目
新庚申塚
庚申塚
巣鴨新田
大塚駅前
向原
東池袋四丁目
都電雑司ヶ谷
鬼子母神前
学習院下
面影橋
早稲田
池袋
ＪＲ埼京線
東武鉄道東上線
ＪＲ山手線
東京メトロ南北線
都営地下鉄三田線
東京メトロ丸ノ内線
東京メトロ有楽町線
東京メトロ副都心線
東京メトロ東西線

から離れているので、不便なイメージをお持ちの方もいるかもしれないが、アクセスはきわめてよく、非常に使い勝手がよい路線だ。王子駅前が京浜東北線の、大塚駅前が山手線の乗りかえ駅になっているほか、東京メトロ副都心線、都営地下鉄三田線など6路線もの地下鉄と接続しており、京成本線や日暮里・舎人ライナーとも連絡している。

都電最後の1路線となってから半世紀近くを経ても、この都民の暮らしの足はいたって健脚である。

愛称は「東京さくらトラム」。この愛称はまだ定着しておらず、意外に知られていないようだが、飛鳥山公園、荒川自然公園、神田川沿いなど、沿線には花の名所が連なっている。

【路線データ】営業距離12・2キロ／軌間1372ミリ／停留場・駅数30／車両36両・花電車1両
Webサイト・https://www.kotsu.metro.tokyo.jp/toden/

東急世田谷線（東京急行電鉄株式会社）――東京都世田谷区
環七通りで電車が信号待ちをする！

三軒茶屋から下高井戸まで、東京都世田谷区内だけを走る路面電車である。路線距離はわずか5キロで、路面電車の路線としては日本で二番目に短い。起点の三軒茶屋で東急田

環状七号線の若林踏切を通過する東急世田谷線

園都市線に、終点の下高井戸で京王線に、途中の山下では小田急線（豪徳寺）に連絡している。

世田谷線の歴史は、１９２５（大正14）年１月18日、玉川電気鉄道（通称玉電）の支線の下高井戸線として三軒茶屋～世田谷間が開業したことに始まる。同年５月１日には下高井戸までの全線が開通した。１９３８（昭和13）年に玉電が現在の東急電鉄に併合され、東京横浜電鉄の玉川線となった。１９６９（昭和44）年に渋谷～二子玉川が廃止されたが、下高井戸線は全線が新設軌道であったために存続が決まり、東急世田谷線に改称され、まったく路上を走らない路面電車として走り続けている。

長らく玉電時代の車両が使われていたが、１９９９（平成11）年から３００系電車の導入が始ま

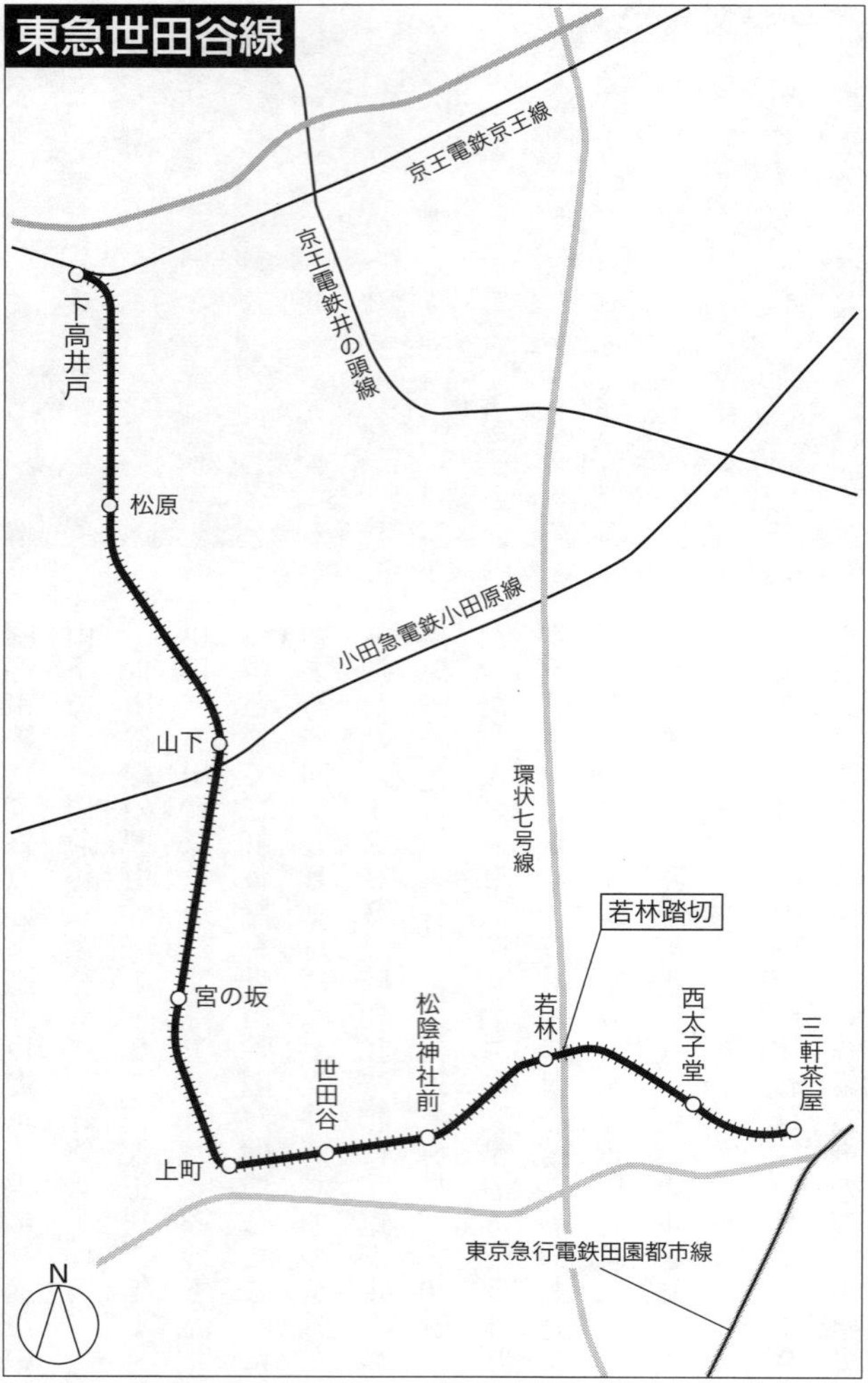
東急世田谷線
京王電鉄京王線
京王電鉄井の頭線
下高井戸
松原
小田急電鉄小田原線
山下
環状七号線
若林踏切
宮の坂
松陰神社前
若林
西太子堂
三軒茶屋
世田谷
上町
東京急行電鉄田園都市線
N

り、２００１年には全10編成が３００系に置き換えられた。また、同年２月10日の営業運転終了後にホームのかさ上げ工事が行われ、一夜にして全駅のバリアフリー化が達成された。都市伝説のようにも聞こえるけれど、本当の話だ。

ところで、世田谷線には広く人口に膾炙《かいしゃ》する踏切がある。環七（都道環状七号線）を横切る若林踏切（西太子堂５号踏切）で、電車はここで信号待ちをする。この踏切は遮断機や警報機がない「第４種踏切」で、電車も信号に従って進行したり停止したりするのだ。かつては遮断機がある踏切だったが、環七の交通量が増えて渋滞が起きるようになったため、１９６６年に現在の形になったという。

それから半世紀以上。世田谷線は廃止されることなく走り続け、いかにも行儀よく（そう見える）環七で信号待ちをしている。もちろん信号待ちをする路面電車は他にもあるのだが、環七という破格に交通量が多い主要道で信号待ちをしている世田谷線を見ると、なんとはなしにほっとする。

【路線データ】営業距離５・０キロ／軌間１３７２ミリ／停留場・駅数10／車両10編成

Webサイト：http://www.tokyu.co.jp/ekitown/sg/index.html

豊鉄市内線（豊橋鉄道株式会社東田本線）――愛知県豊橋市

企画電車「走る屋台」が大成功

愛知県の豊橋駅を基点に豊橋の市内近郊で鉄道と軌道を運行している地方鉄道が豊橋鉄道（豊鉄）で、鉄道線は渥美線、軌道線は東田本線と呼ばれている。

豊橋駅は、東海道新幹線、ＪＲ東海道本線と飯田線、名鉄名古屋本線、加えてＪＲ貨物が集まる愛知県三河地方最大のターミナル。豊橋駅隣の新豊橋駅から田原市方面に路線を延ばす渥美線は、通勤通学輸送を行うほか、伊良湖岬方面への観光客輸送も担っている。

東田本線は全路線が道路上を走る併用軌道で、電車線の渥美線に対して「市内線」、「市電」とも呼ばれている。

開業は１９２５（大正14）年３月17日で、初めは豊橋電気軌道という社名だった。１９４５（昭和20）年の豊橋空襲では全線不通に。１９４９（昭和24）年に豊橋交通に社名変更。１９５４（昭和29）年からは豊橋鉄道として営業している。

１９７０年代には一部路線の廃止が行われたが、日本中で路面電車の廃線が相次いでいた１９８２（昭和57）年に井原～運動公園前間０・６キロが開業した。これは、日本の路面電車としては実に14年ぶりの新規開業だった。また、１９９８（平成10）年には豊橋駅

東田坂上付近では石畳の軌道を走る

前までの路線を復活させている。距離はわずか150メートルほどだが、新幹線などからの乗りかえの便が飛躍的に向上した。

電車は豊橋駅前を出ると、駅前大通りを東進して左折する。その先は日本で唯一、路面電車が国道1号東海道上を走る区間だ（西八町交差点～東八町間）。

井原停留場から運動公園前停留場に向かう「井原R11カーブ」は、半径11メートルという日本のすべての鉄道で最急のカーブだ（急すぎるため、2008年に登場したT1000形「ほっトラム」は入線できない）。

特記しておきたいのが、「走る屋台」とうたった企画列車である。冬の「おでんしゃ」と、夏の「納涼ビール電車」で、豊橋の名物として定着し

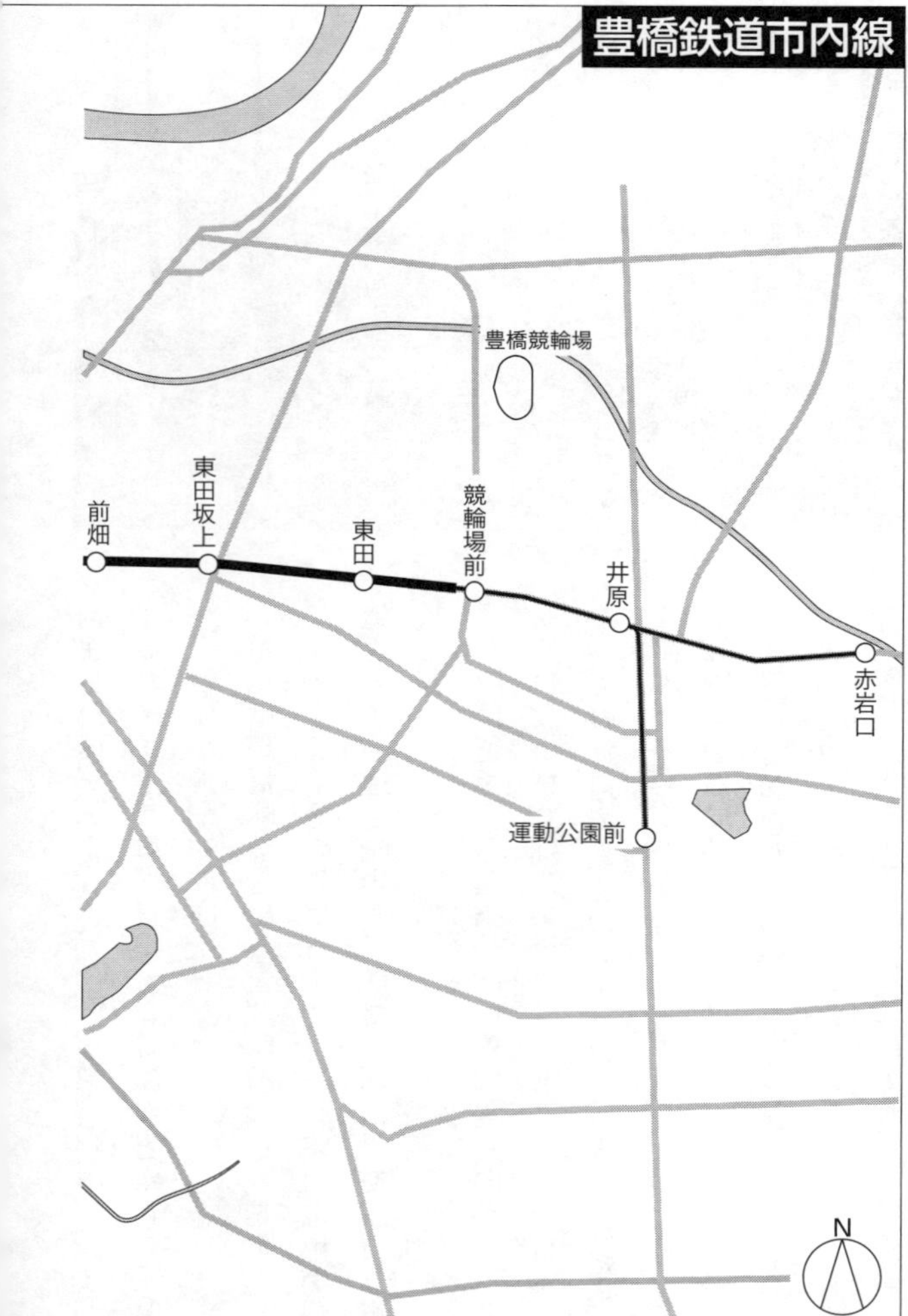
豊橋鉄道市内線
豊橋競輪場
前畑
東田坂上
東田
競輪場前
井原
赤岩口
運動公園前
N

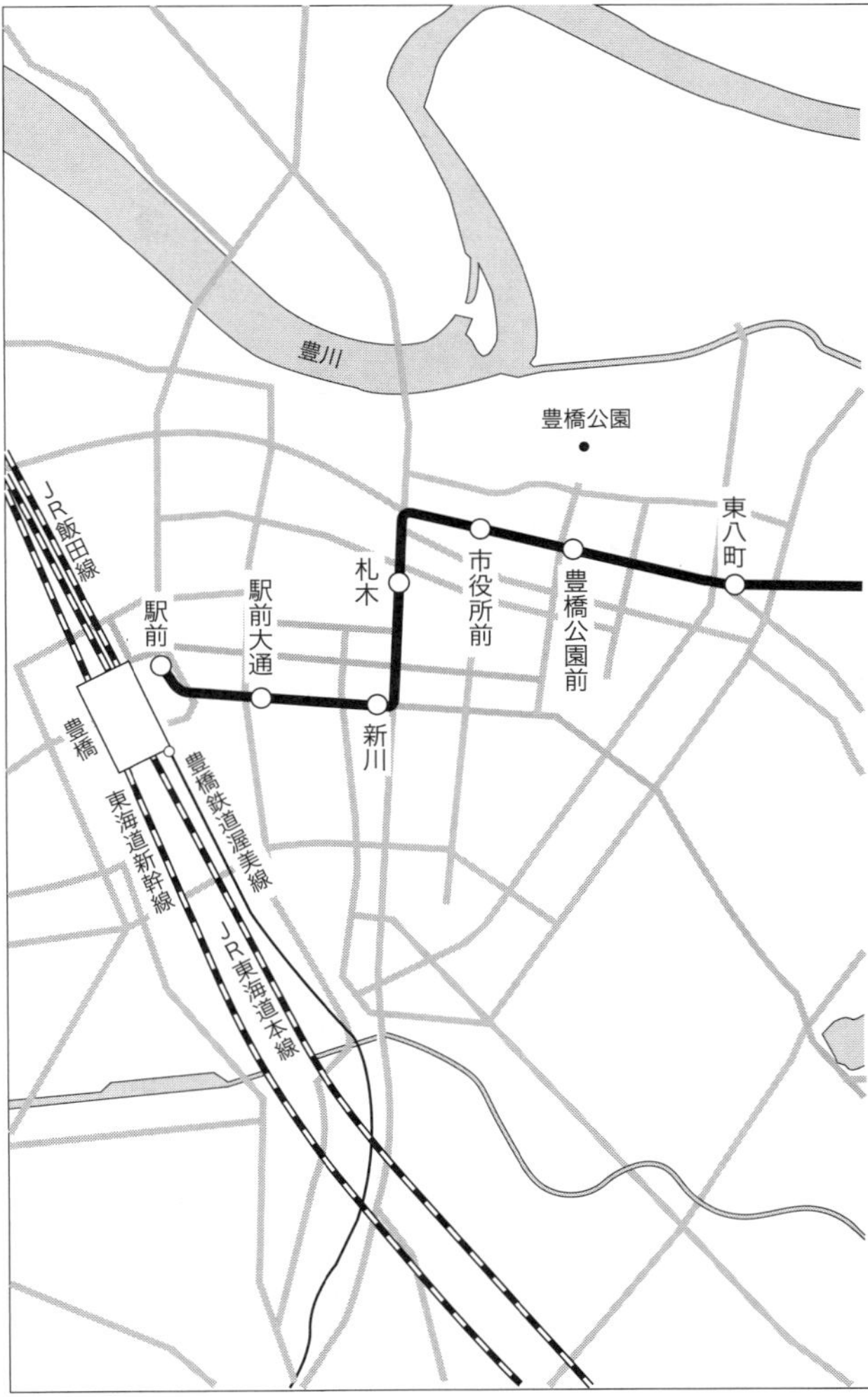
豊川
豊橋公園
JR飯田線
東八町
札木
市役所前
豊橋公園前
駅前大通
駅前
豊橋
新川
豊橋鉄道渥美線
東海道新幹線
JR東海道本線

ている。特に赤提灯が揺れる「おでんしゃ」は予約が殺到する大人気列車で、地元の底力を感じさせる。

【路線データ】営業距離5・4キロ／軌間1067ミリ／停留場・駅数14／車両16両1編成

Webサイト・https://www.toyotetsu.com/shinaisen/

富山軌道線（富山地方鉄道株式会社市内軌道線）――富山県富山市

新規計画が目白押しの元気な路線

富山地方鉄道は、宇奈月温泉や立山へ向かう鉄道線と富山市内の軌道線を運営する地方鉄道で、鉄道と軌道を合わせた路線の総延長は100・7キロにもなる。これは京王電鉄や阪神電鉄といった大手私鉄の路線総距離を上回る路線長だ。

軌道線の開業は1913（大正2）年9月1日。1920（大正9）年に富山電気軌道から富山市に譲渡されて、富山市営軌道となった。このときは本来の意味での「市電」だったわけで、1943（昭和18）年に富山地方鉄道に経営が移った後も「市電」の愛称が使われている。

富山県は自動車王国で、人口1人あたりの自動車保有台数は全国第4位、1世帯あたり

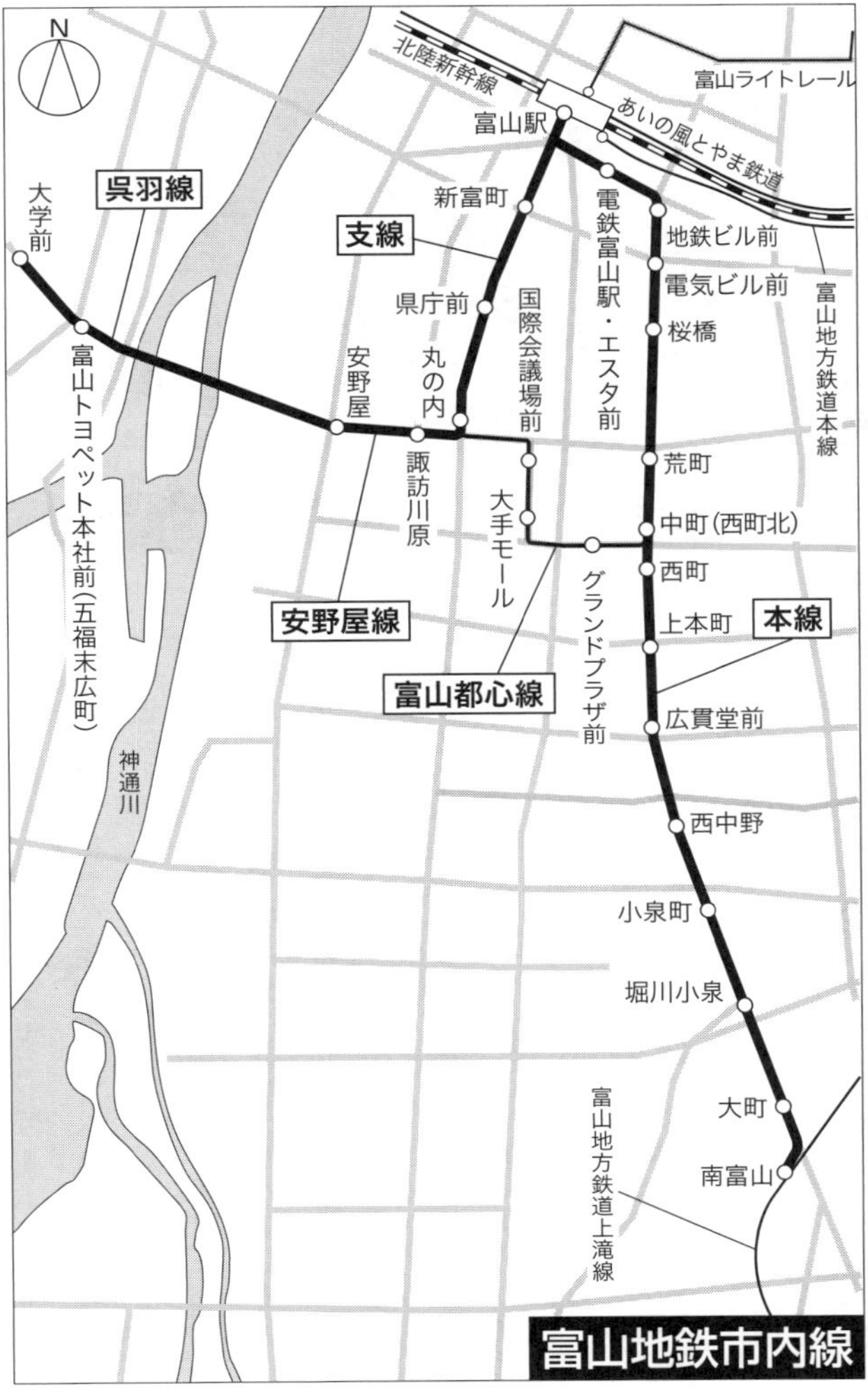
N
北陸新幹線
富山ライトレール
富山駅
あいの風とやま鉄道
呉羽線
大学前
新富町
支線
電鉄富山駅・エスタ前
地鉄ビル前
電気ビル前
富山地方鉄道本線
県庁前
国際会議場前
桜橋
安野屋
丸の内
富山トヨペット本社前(五福末広町)
荒町
諏訪川原
大手モール
中町(西町北)
西町
グランドプラザ前
上本町
本線
安野屋線
富山都心線
広貫堂前
神通川
西中野
小泉町
堀川小泉
大町
南富山
富山地方鉄道上滝線
富山地鉄市内線

神通川を渡るT100形「サントラム」

では第2位だ（2017年）。モータリゼーションの熱波を受けて、富山地鉄でも1970年代から軌道線の廃止が続いたが、やがて別の波が来た。
2008（平成20）年、富山市は環境モデル都市の選定を受け、公共交通機関、特に路面電車の活用を中心に据えて市街地の活性化をはかる「お団子と串」の街づくりに取り組んでいる。富山地鉄も市の取り組みに歩調を合わせてめざましい拡充ぶりを見せており、富山ライトレールと併せて、富山は「路面電車の街」として注目されるようになった。2009年には、市中心部の活性化をめざして環状線が復活した。都市の中心部で路面電車の路線が新たに開業するのは、きわめて画期的なことだ。
また、T100形「サントラム」や環状線用L

RV9000形「セントラム」も導入された。神通川に架かる富山大橋の架け替えと複線化も行われた。2015（平成27）年の北陸新幹線開業に合わせて駅に直結する富山駅停留場が設けられ、将来的には富山ライトレールとの直通運転も予定されている。鉄道線の上滝線をLRT化して市内線と直通運転を行うとか、大学前から工学部前方面へ延伸するといった計画もあるようだ。

こうした拡充で、市民にとっても旅行者にとっても、利便性が格段にアップしている。公共交通のロールモデルとして、市内線の今後の変化を楽しみに見守りたい。

【路線データ】営業距離7・5キロ／軌間1067ミリ／停留場・駅数25／車両16両7編成
Webサイト：https://www.chitetsu.co.jp/?page_id=656

富山ライトレール（富山ライトレール株式会社）——富山県富山市

日本初の本格的LRT導入で、街が変わった

2006（平成18）年4月29日、日本で初めてといわれる本格的なLRTが、富山駅北と、江戸期北前船の港町の風情が残る岩瀬浜の間で開業した。

富山ライトレールは新設の路線ではなく、以前は富山港線というJR西日本の路線だっ

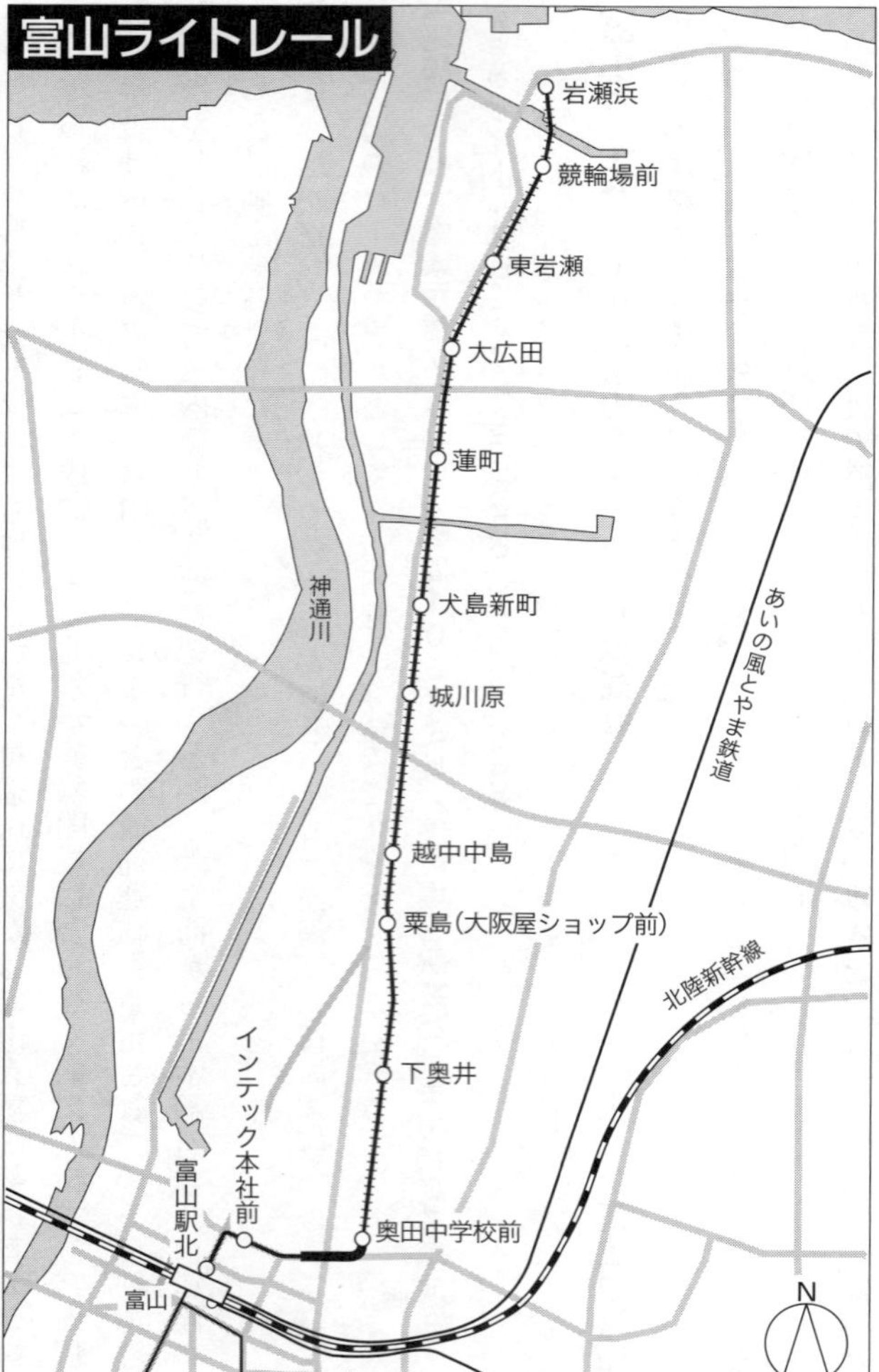
富山ライトレール
岩瀬浜
競輪場前
東岩瀬
大広田
蓮町
犬島新町
城川原
越中中島
粟島(大阪屋ショップ前)
下奥井
奥田中学校前
インテック本社前
富山駅北
富山
神通川
あいの風とやま鉄道
北陸新幹線
N

立山連峰をバックに富岩運河を渡る「ポートラム」

た。路線は、１９２４（大正13）年７月23日に富岩鉄道が富山口〜岩瀬湊間で開業したもので、１９４１（昭和16）年に富山電気鉄道（現・富山地方鉄道）に移譲され、１９４３（昭和18）年に国有化されて富山港線となった。

北陸新幹線の開業時には、ＪＲ線のまま高架化する、バス転換する、廃止するなどの案が出たが、工事費、沿線人口、富山市の交通政策等々、諸々の条件を検討した結果、富山市や富山県をおもな株主とする第三セクターでＬＲＴ化して、運行を続けることになった。

ＬＲＴの建設条件や構成要素は多岐にわたるが、富山ライトレールの場合は、超低床車ＴＬＲ０６００形「ポートラム」を導入すると同時に、各停留場や駅のバリアフリー化を実施。岩瀬浜と蓮町はフィーダーバス（支線バス）と連絡することにした。蓮町のパーク＆ライドなど、各駅周辺に駐車場や駐輪場が新設され、新駅も5駅設けられた。富山駅北〜奥田中学校前間は路線が付け替えられ、路上を走る軌道となった。奥田中学校前から終点の岩瀬浜の間は鉄道で、軌道と鉄道を直通するトラムトレインの運行となっている。運転本数はＪＲ時代から3倍以上に増え、終電の時刻も1時間も遅くなった。

導入後の変化はというと、新型車両の投入、バリアフリー化、短い駅間距離、運転頻度など、さまざまな要素が相まって、利用者が2〜3倍に増加した。利便性が劇的に上がったのだろう。昼間時間帯の買い物客などの利用も増え、空洞化が懸念されていた市街地に活気が戻ってきた。また、運転免許証を返納する高齢者が増えて、交通事故の軽減にも大いに役立っているという。ＬＲＴが街にもたらした変化は外から見ても大きく、これからの公共交通のありかたについて考えさせられる。

【路線データ】営業距離7・6キロ／軌間1067ミリ／停留場・駅数13／車両7編成・除雪車1両
Webサイト：http://www.t-lr.co.jp/

万葉線（万葉線株式会社）――富山県高岡市、射水市
市民が出資して、三セクを経営

万葉線という優雅な名称は、奈良時代に越中守として高岡市伏木の越中国府に赴任し、『万葉集』の編纂にも携わったとされる大伴家持に由来している。

路線は富山県高岡市の高岡駅停留場から射水市の六渡寺駅までの高岡軌道線と、六渡寺駅から越ノ潟駅までの鉄道線の新湊港線とに分かれているが、電車は通して運転している。

新湊港線は１９２４（大正13）年10月12日の越中電気軌道の富山北口～四方間の開業に始まり、１９３３（昭和８）に新伏木口（現・六渡寺）まで開通。１９４３（昭和18）年、富山地方鉄道（地鉄）射水線になった。

高岡軌道線は、１９４８（昭和23）年４月10日に地鉄の伏木線として地鉄高岡～米島口～伏木港間で開業。１９５１（昭和26）年に米島口～新湊（現・六渡寺）間が開業し、地鉄射水線を経由して、地鉄高岡～富山市内軌道線西町間の直通運転が始まった。伏木線は１９５９年に加越能鉄道（現・加越能バス）に譲渡され、１９６６（昭和41）年に富山新港の建設によって射水線が分断されたため、新湊～越ノ潟間も加越能鉄道新湊港線となった。１９７１（昭和46）年、米島口～伏木港間が廃止。経営悪化を理由に廃止を打ち出し

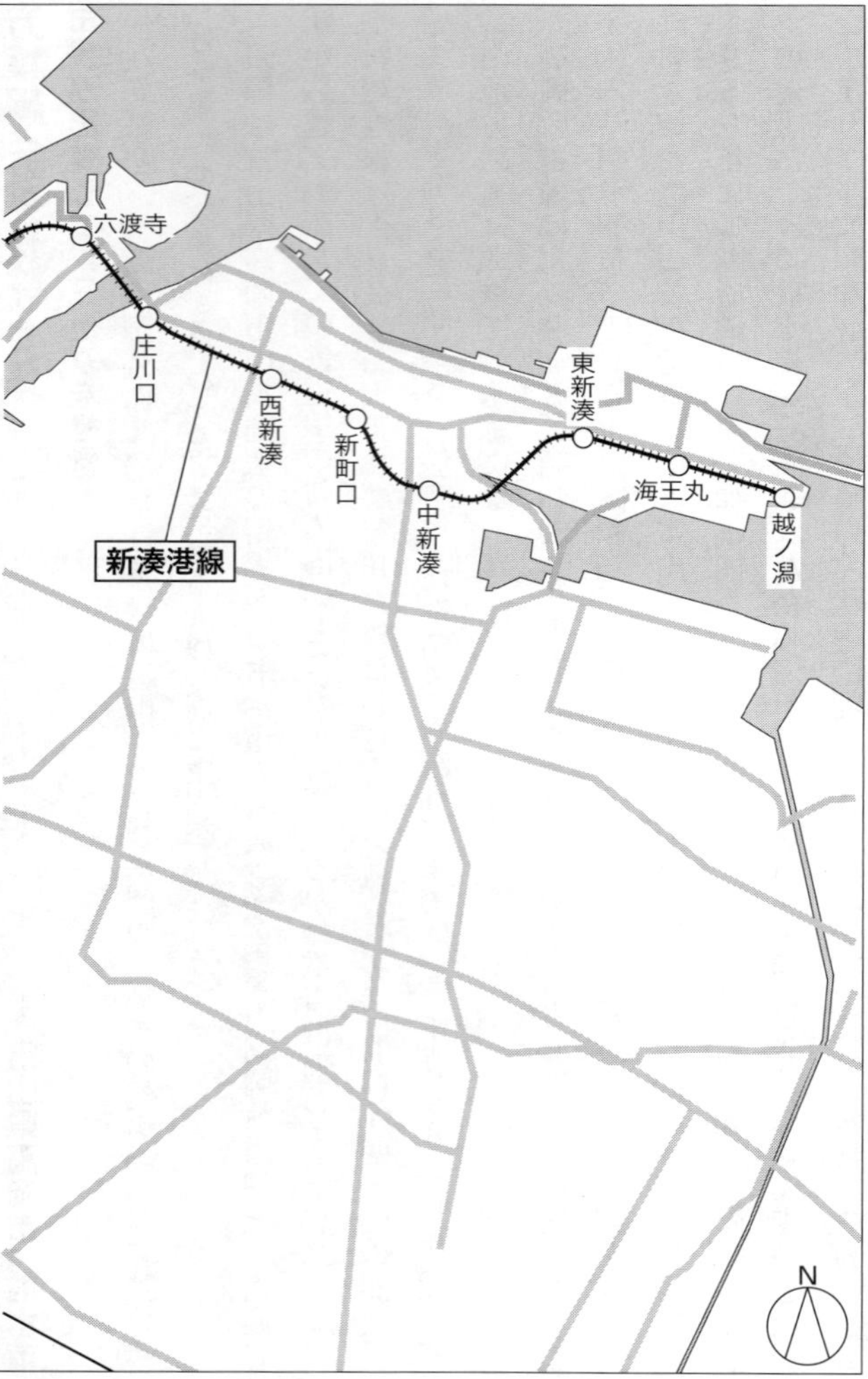
六渡寺
庄川口
西新湊
新町口
中新湊
東新湊
海王丸
越ノ潟
新湊港線
N

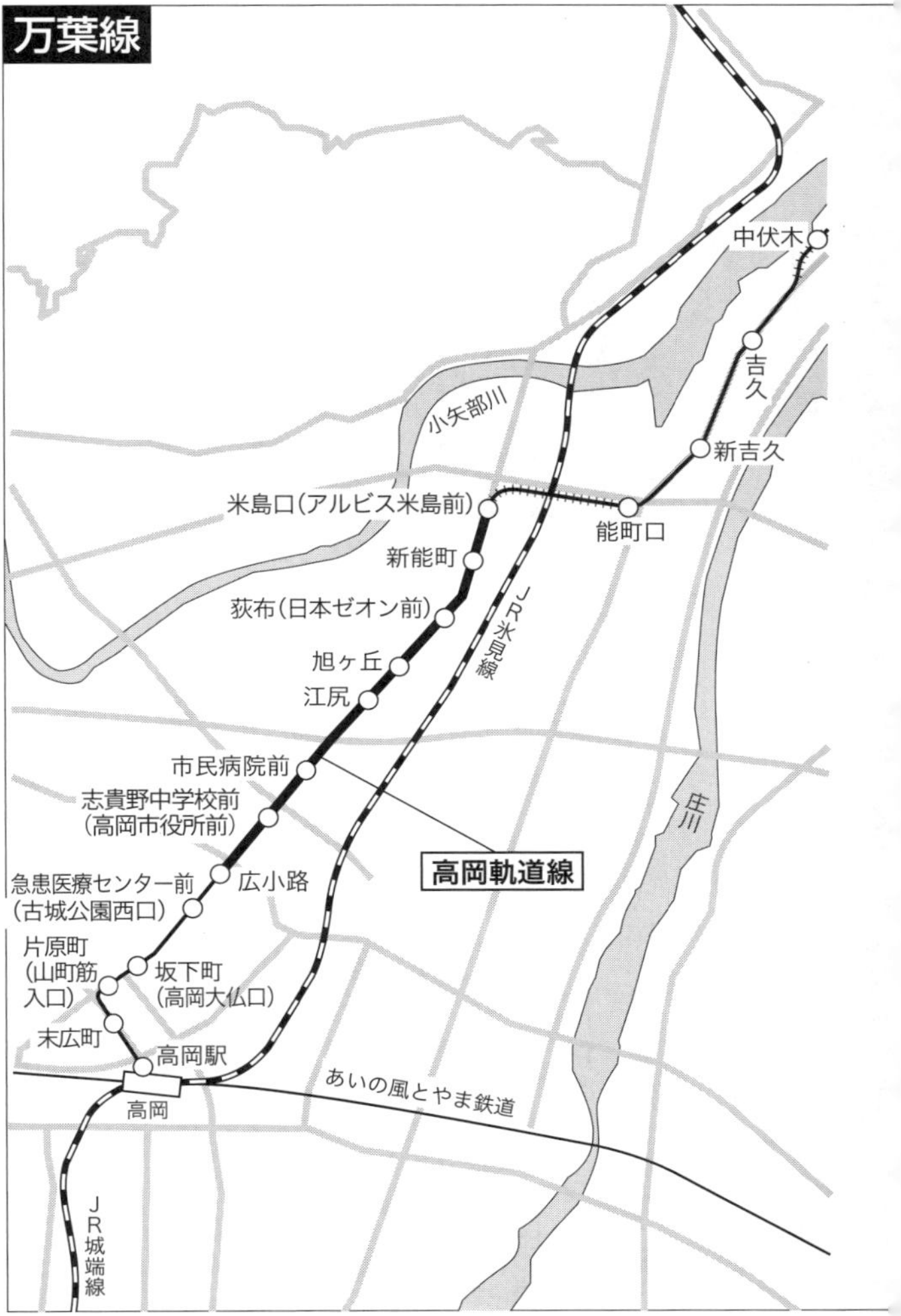
万葉線
中伏木
吉久
新吉久
小矢部川
米島口(アルビス米島前)
能町口
新能町
荻布(日本ゼオン前)
JR氷見線
旭ヶ丘
江尻
市民病院前
志貴野中学校前
(高岡市役所前)
庄川
高岡軌道線
急患医療センター前
(古城公園西口)
広小路
片原町
(山町筋入口)
坂下町
(高岡大仏口)
末広町
高岡駅
高岡
あいの風とやま鉄道
JR城端線

越ノ潟に停車中の「アイトラム」。対岸の堀岡まで渡船が連絡している

た加越能鉄道に対し、存続を願う高岡市や新湊市（現・射水市）が中心となって、第三セクターの万葉線株式会社の設立が決定した。

以上が三セク化までの流れで、２００２（平成14）年から万葉線が営業を開始した。路面電車の三セク化は、万葉線が日本初だった。

万葉線は大勢の市民が株主やボランティアなどさまざまな形で経営や運行に参画している市民パワーに軸足のある三セクで、よい意味でのローカリティが路線の魅力となっている。たとえば、現在の主力車両はＭＬＲＶ１０００形「アイトラム」だが、うち１編成は高岡出身の漫画家藤子・Ｆ・不二雄にちなんだ「ドラえもんトラム」。当然、大人気である。新湊（現・射水市）出身の落語家立川志の輔の車内アナウンス（土、日、祝日）も話題を呼んでいる。

【路線データ】営業距離12・9キロ／軌間1067ミリ／停留場・駅数25／車両5両6編成・除雪車1両／Webサイト・http://www.manyosen.co.jp/

福井鉄道福武線（福井鉄道株式会社）――福井県越前市、鯖江市、福井市

えちぜん交通との相互乗り入れがスタート。LRT化をめざす

福井鉄道福武《ふくぶ》線は、福井県越前市の越前武生《たけふ》駅から福井市の田原町駅に至る路線と、福井市内の福井城趾大名町停留場と福井駅停留場を結ぶ路線で構成されている。

路線図を見ると、全線がほぼJR北陸本線に並行している。だが、武生～福井間では、JR線は6駅。福武線には23の駅と停留場があり、都市間快速輸送のJR線と地域輸送の福武線という棲み分けがなされていることが見て取れる。福武線の路線について、県庁所在地の福井ではなく武生側から述べるのは、路線の建設が武生側から始まり、越前武生駅が起点となっているからだ。

福武線は、1924（大正13）年2月23日に武生新（現・越前武生）～兵営（現・神明）間で開業した。路線が福井駅前まで延長されたのは1933（昭和8）年、田原町まで開

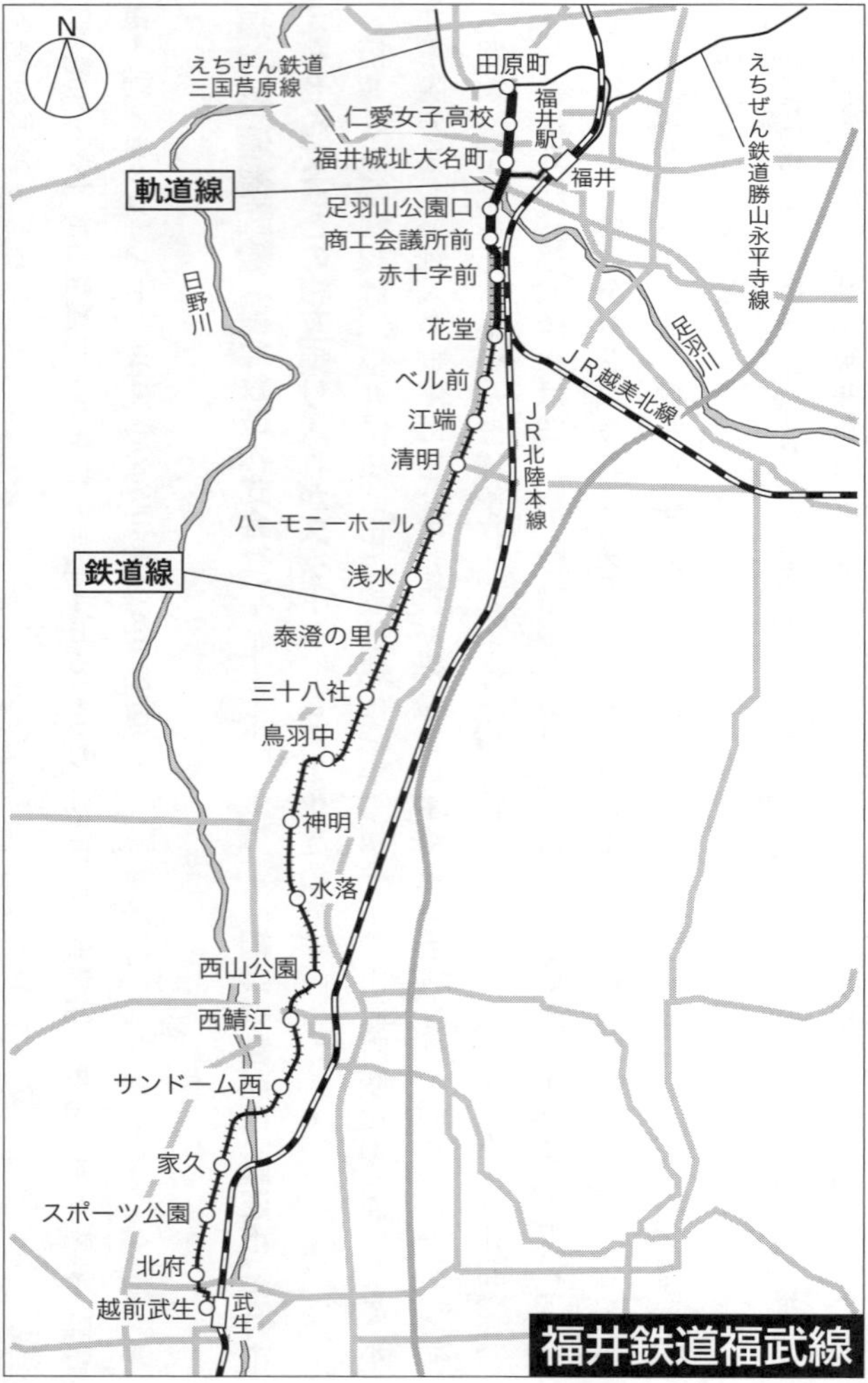
N
えちぜん鉄道
三国芦原線
田原町
仁愛女子高校
福井駅
福井城址大名町
福井
軌道線
足羽山公園口
商工会議所前
赤十字前
えちぜん鉄道勝山永平寺線
日野川
花堂
足羽川
JR越美北線
ベル前
江端
清明
JR北陸本線
ハーモニーホール
鉄道線
浅水
泰澄の里
三十八社
鳥羽中
神明
水落
西山公園
西鯖江
サンドーム西
家久
スポーツ公園
北府
越前武生
武生
福井鉄道福武線

田原町で顔を合わせたF1000形FUKURAM（右）と元名鉄美濃町線880形

業したのは1950（昭和25）年である。

路線はひとつながりで、列車は直通しているが、越前武生から18・1キロが鉄道線で、北側の旧国道8号フェニックス通りの路上を走る併用軌道区間3・4キロが軌道線になっている。鉄道区間と軌道区間の境界「鉄軌分界点」は、赤十字前駅の300メートル北側にある。

ラッシュ時などに備えて大型の鉄道型車両も残されているが、主力は路面電車型の車両で、LRVF1000形「FUKURAMU（ふくらむ）」や、元ドイツ・シュトゥットガルト市電のF10形「RETRAM（レトラム）」など、路面電車タイプの電車が田園地帯の鉄道線を走る姿が人気を呼んでいる。

福井鉄道はLRT化をめざしており、2016

（平成28）年3月27日には、ＬＲＴ化の第一歩となる「フェニックス田原町ライン」が開通して、田原町駅で接続するえちぜん鉄道三国芦原線との相互乗り入れが始まった。両鉄道の直通運転によって、福井市を中心にして、県北部のあわら市や坂井市と、県中部の鯖江市や越前市とのネットワークが形成されて、より便利な路線となった。

【路線データ】営業距離21・5キロ／軌間1067ミリ／停留場・駅数25／車両19編成

Webサイト・http://www.fukutetsu.jp/

京阪大津線（京阪電気鉄道株式会社）――京都府京都市山科区、滋賀県大津市

京津線は日本で唯一地下鉄に乗り入れている路面電車

東京の東急世田谷線と同じく、大手私鉄が運営している路面電車が京阪電鉄の大津線だ。大津線は御陵《みささぎ》～びわ湖浜大津間の京津線、石山寺～坂本比叡山口間の石山坂本《いしやまさかもと》線という2路線の総称で、両線は琵琶湖畔のびわ湖浜大津駅で連絡している。

京津線は、京津電気軌道が１９１２（大正元）年8月に仮開業を始めた路線で、同年12月14日に三条大橋～札ノ辻（上栄町～浜大津間にあった駅で、現在は廃駅）が開業した。１９２５年に京津電気軌道が京阪電鉄と合併して京阪京津線となった。１９３４（昭和9）

びわ湖浜大津駅付近の併用軌道を進む800系

年から１９４０（昭和15）年にかけては、日本初の連接車60型電車を用いて、大阪の天満橋から京阪本線を経由して浜大津まで直行する特急「びわこ号」が運転されていた。

京津線は、日本で唯一地下鉄路線を走る路面電車である。１９９７（平成９）年から京都市営地下鉄東西線に乗り入れている。そのため、路面電車でありながら、４両編成で全長66メートルという８００系電車が投入されており、一般的に路面電車に抱くイメージとはかなり趣が違う。路面電車としては、「長くて大きい」のだ。

路上を走る併用軌道区間は浜大津と上栄町の１駅間だけだが、地下鉄乗り入れを行う前は、御陵付近から三条まで、旧国道１号（現・京都府道１４３号）の路上を走っていた。

京阪大津線
坂本比叡山口
JR湖西線
叡山鋼索線
比叡山鉄道線
比叡山
比叡山坂本
松ノ馬場
叡山ロープウェイ
叡山電鉄叡山本線
穴太
石山坂本線
琵琶湖
滋賀里
南滋賀
近江神宮前
京阪大津京
京津線
大津市役所前
びわ湖浜大津
三井寺
島ノ関
上栄町
石場
京阪膳所
大津
御陵
JR東海道本線
錦
膳所本町
山科
大谷
中ノ庄
京阪山科
四宮
追分
瓦ケ浜
粟津
東海道新幹線
京阪石山
唐橋前
市営地下鉄東西線
石山寺
N

石山坂本線は、1913（大正2）年3月1日、大津電気軌道により大津（現・びわ湖浜大津）～膳所《ぜぜ》（現・膳所本町）間で運転を開始。1927（昭和2）年に琵琶湖鉄道汽船として石山（現・石山寺）～坂本（現・坂本比叡山口）間が全通。1929（昭和4）年に京阪電鉄の路線になった。

大津線は天智天皇が営んだとされる近江大津京と平安京という古都を結ぶ路線だけあって、沿線には御陵駅最寄りの天智陵、近江八景など、史跡名勝が多い。マンガ「ちはやふる」の舞台も沿線近辺。大谷付近には、「これやこの行くも帰るも別れては知るも知らぬも逢坂の関」と歌われた逢坂の関がある。いにしえから関所があった難所であり、電車も66パーミルという急勾配を登り、急カーブを曲がる。余談になるが、軌道を走り、地下鉄を走り、急坂も急カーブもこなす京阪800系は、凄い車両だ。

【路線データ】営業距離21・6キロ／軌間1435ミリ／停留場・駅数27／車両23編成
Webサイト・http://www.keihan.co.jp/traffic/

嵐電（京福電気鉄道株式会社）——京都府京都市下京区、中京区、右京区、北区

嵯峨野、嵐山、北野、御室を行く華やかな路面電車

京都市西郊を走る京福電鉄の路面電車は、四条大宮から嵐山に向かう嵐山本線と、北野白梅町から御室《おむろ》や宇多野を経て帷子ノ辻《かたびらのつじ》で嵐山本線に連絡する北野線の2路線。長く嵐電という愛称で親しまれてきて、２００７（平成19）年に嵐電が公式の愛称になった。

沿線には、「古都京都の文化財」として世界遺産に登録されている二条城、天龍寺、鹿苑寺（金閣寺）、龍安寺、仁和寺をはじめ、国宝の弥勒菩薩半跏思惟像で知られる広隆寺や北野天満宮などの古寺古社、嵯峨野の竹林や保津峡などの名勝がずらりと連なっている。

１９１０（明治43）年3月25日に嵐山電車軌道が京都（現・四条大宮）～嵐山間を開業。１９１８（大正7）年に嵐山電気軌道が京都電燈に併合された。京都電灯は１９２５（大正14）年に現在の北野線となる北野（現・廃止）～高雄口（現・宇多野）間を開業、翌年に帷子ノ辻までの路線を開業して、嵐山本線との接続を果たした。１９４２（昭和17）年に戦時下の配電統制令で京都電燈が解散。鉄道事業を引き継ぐために、京福電鉄が設立された。

京福電鉄は、かつては京都府と福井県に路線を持っていたが、福井県の路線はえちぜん

蚕ノ社の通称で知られる木嶋坐天照御魂神社参道入口を行く嵐電

鉄道として分離したり、廃線になったりした。京都市内の叡山本線と鞍馬線は叡山電鉄に譲渡されたため、残るは鉄道線の嵐電と比叡山に登るケーブルカー、索道の叡山ロープウェイだけになった。

車両は、鉄道ファンの間で「嵐電スタイル」と呼ばれる独自のデザイン。１９２９（昭和４）年製造の古豪モボ１０１形（１９７５年に車体を更新）から現在の嵐電スタイルを確立したモボ６１１形まで、吊りかけ駆動（電気車の古典的な駆動方式）が主力だったが、２０００（平成12）年に登場したモボ２００１形は、カルダン駆動でＶＶＶＦ制御という新性能車だ。

ところで嵐電は、２０１１（平成23）年からヤマト運輸と提携して宅配荷物の輸送を行うカーゴトラムの運行を始めた。「路面電車を使用した低

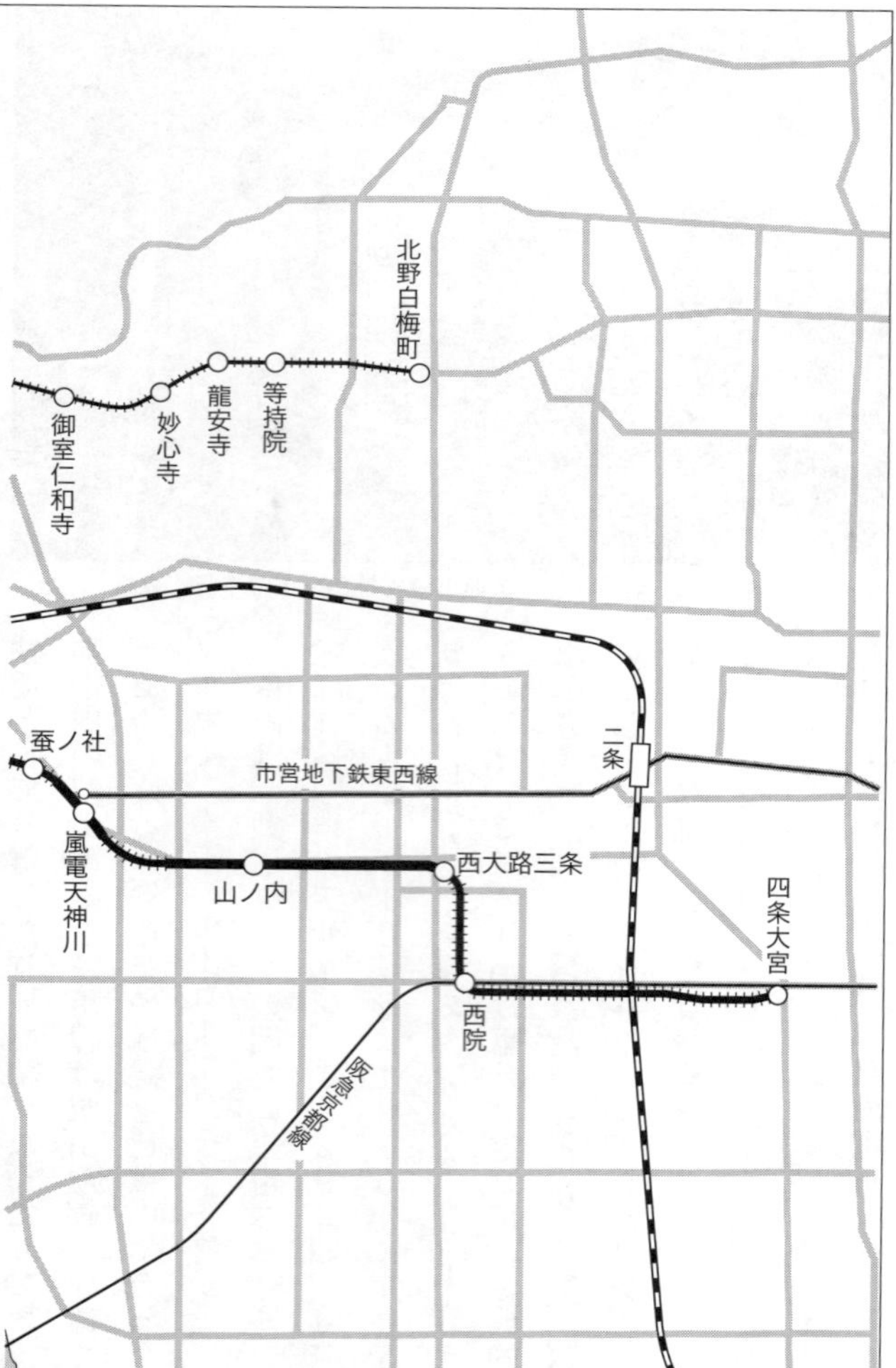
北野白梅町
等持院
龍安寺
妙心寺
御室仁和寺
蚕ノ社
二条
市営地下鉄東西線
嵐電天神川
山ノ内
西大路三条
四条大宮
西院
阪急京都線

嵐電
北野線
宇多野
鳴滝
常盤
嵯峨嵐山
ＪＲ山陰本線
嵐山
嵐電嵯峨
鹿王院
車折神社
有栖川
帷子ノ辻
撮影所前
太秦広隆寺
嵐山本線
嵯峨野観光鉄道
桂川
阪急嵐山線
N

炭素型集配システム」という試みだ。路面電車網が広がってこのシステムが定着すれば、相当なCO_2を削減できそうなのだが。

【路線データ】営業距離11・0キロ／軌間1435ミリ／停留場・駅数22／車両28両

Webサイト：http://randen.keifuku.co.jp/

阪堺電車（阪堺電気軌道株式会社）――大阪府大阪市浪速区、西成区、住吉区、阿倍野区、堺市堺区、西区

ナニワの名物電車は、ずばり「ちん電」という

ミナミのシンボル通天閣、その足元の恵美須町から浜寺駅前を結ぶ阪堺線と、ミナミのニューシンボル、あべのハルカス直下の天王寺駅前から阪堺線の住吉を結ぶ上町線。この2路線が、「ちん電」という愛称で親しまれている阪堺電気軌道だ。

阪堺電軌の歴史は、1900（明治33）年9月20日に天王寺〜東天下茶屋間で開業した大阪馬車鉄道に始まる。馬車鉄道は1910（明治43）年に南海電鉄に合併され、電車化されて、上町線となった。また、阪堺線は、初代阪堺電気軌道が1911（明治44）年12月1日に恵美須町〜市ノ町（現・大小路）間を開業したのが始まりで、1980（昭和55）

全国の住吉神社の総本社、住吉大社前を行く500形

年12月１日に、上町線ともども、２代目の阪堺電気軌道に譲渡された。いずれも１００年を超える古豪路線で、最盛期には堺市内の年間乗降客数は２０００万人近くにのぼった。

現在の阪堺線の電車は恵美須町～我孫子道間の折り返し。上町線の電車が阪堺線に乗り入れて、天王寺駅前～浜寺駅前間と天王寺駅前～我孫子道間を直通しており、路線名と運行系統が異なっている。

「ちん電」名物といえば、何と言っても１９２８（昭和３）年に投入されたモ１６１形電車だろう。定期運行されている電車としては日本最古、御年90歳のレトロ車両である。

「ちん電」には、やはり道路がよく似合うが、併用軌道区間は、阪堺線の東玉出停留場北側から住

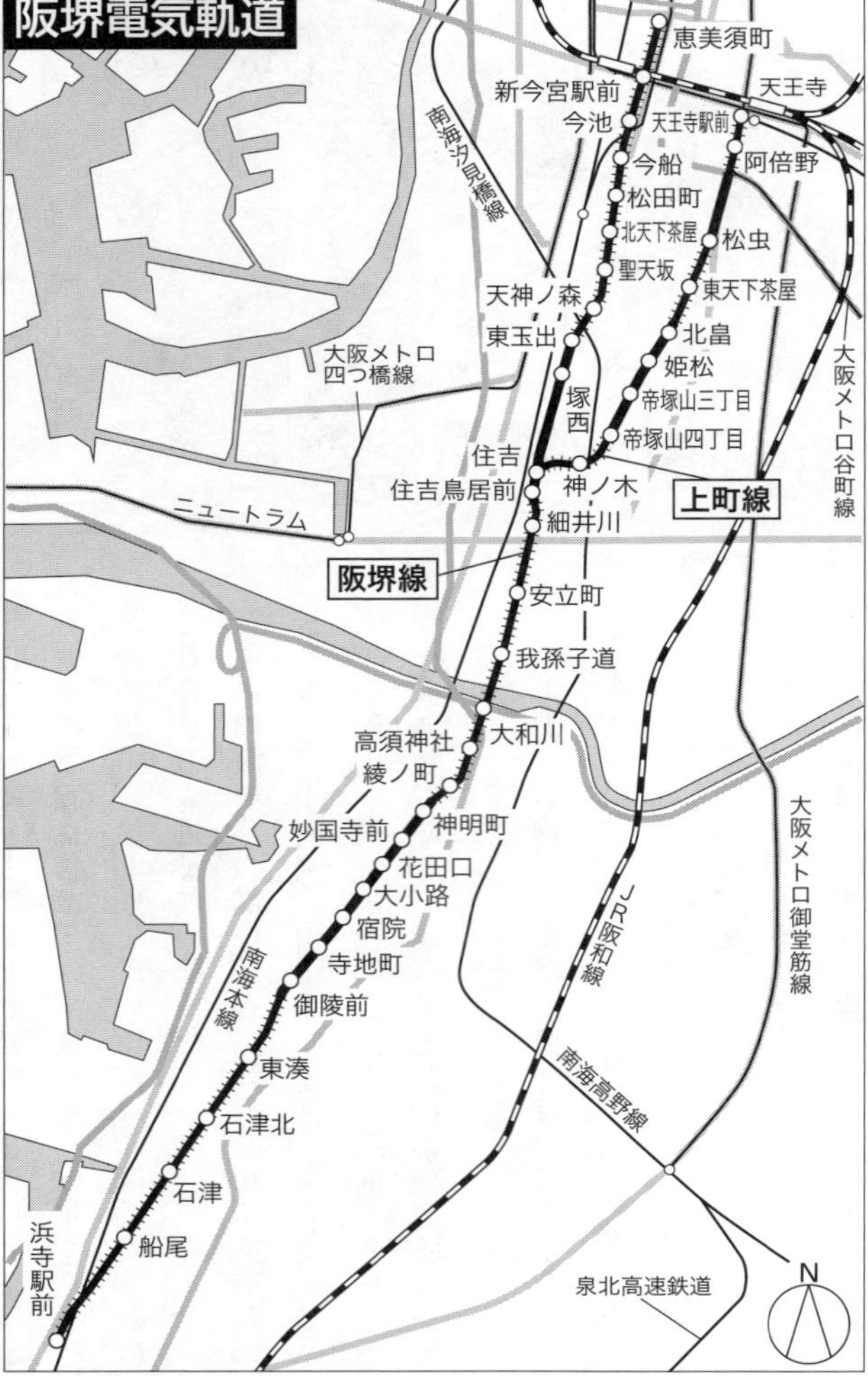
阪堺電気軌道
恵美須町
新今宮駅前
天王寺
今池
天王寺駅前
今船
阿倍野
松田町
北天下茶屋
松虫
聖天坂
東天下茶屋
天神ノ森
東玉出
北畠
姫松
塚西
帝塚山三丁目
帝塚山四丁目
住吉
住吉鳥居前
神ノ木
上町線
細井川
阪堺線
安立町
我孫子道
大和川
高須神社
綾ノ町
神明町
妙国寺前
花田口
大小路
宿院
寺地町
御陵前
東湊
石津北
石津
船尾
浜寺駅前
南海汐見橋線
大阪メトロ四つ橋線
ニュートラム
大阪メトロ谷町線
大阪メトロ御堂筋線
JR阪和線
南海本線
南海高野線
泉北高速鉄道
N

吉大社の南端までと綾ノ町から御陵前南側まで、上町線の天王寺駅前～松虫付近と北畠付近から帝塚山四丁目までだ。

ところで、堺市には阪堺電軌を含む3路線を結ぶＬＲＴ「東西鉄軌道」の建設計画があったのだが、２００９（平成21）年にＬＲＴ計画の見直しを公約に掲げた竹山修身市長が、ＬＲＴ推進派の前市長を下して当選、南海高野線堺東駅～南海本線堺駅に新設予定だったＬＲＴ計画の中止を明言した。竹山市長は２０１３（平成25）年と２０１７（平成29）年に再選されて3期目を務めており、ＬＲＴ計画は暗礁に乗り上げてしまった（推進派からすれば）。今後、「ちん電」のＬＲＴ化は、あるのだろうか、ないのだろうか。

【路線データ】営業距離18・5キロ／軌間１４３５ミリ／停留場・駅数40／車両32両３編成

Webサイト・http://www.hankai.co.jp/

岡山電気軌道（岡山電気軌道株式会社）――岡山県岡山市北区、中区

日本一短い路線は、日本一元気？

通称「おかでん（岡電）」を運営する岡山電気軌道は、１９１０（明治43）年創業。創業以来、社名を一度も変更したり他社と合併したりすることなく続いている元気な会社

中納言付近のクランク状のカーブを進む「MOMO」

で、まずこのことに注目したい。親会社は和歌山電鐵や中国バスなど、地方交通の再生に取り組む両備ホールディングスで、岡山電気軌道は両備グループの中核企業である。

路線は、岡山駅前〜東山・おかでんミュージアム間の東山線と、東山線の柳川と清輝橋を結ぶ清輝橋線。2路線で4・7キロという営業距離は、日本の全路面電車中で一番短い。

東山線は、1912（明治45）年5月5日に駅前〜城下間が開業。同年6月に西大寺町まで、1923（大正12）年に東山まで開業した。清輝橋線は、1928（昭和3）年3月18日に柳川〜大雲寺町（現・廃止）間が柳川線として開業。1946（昭和21）年に清輝橋まで開業し、清輝橋線に改称された。

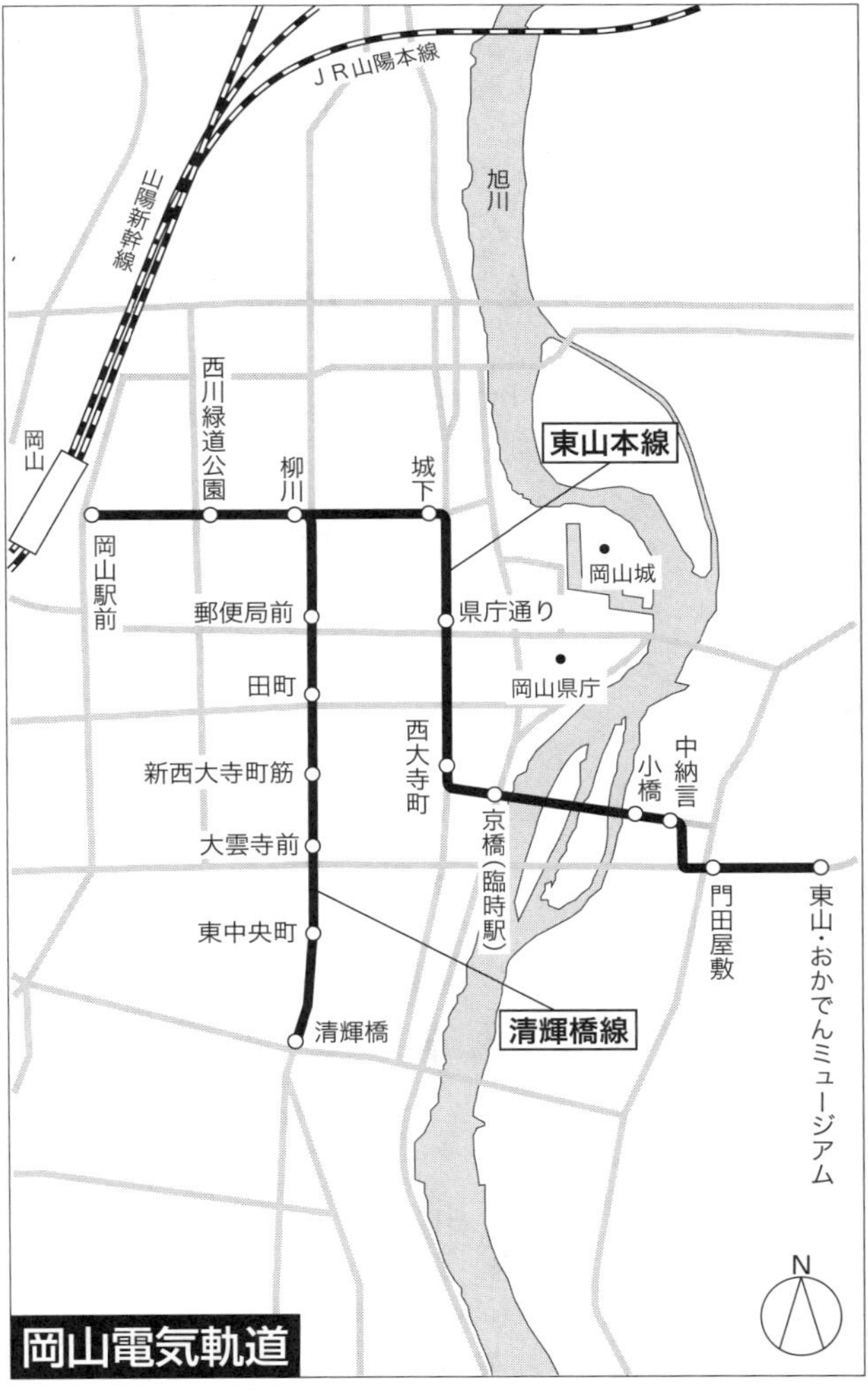
JR山陽本線
山陽新幹線
旭川
岡山
西川緑道公園
柳川
城下
東山本線
岡山駅前
郵便局前
県庁通り
岡山城
岡山県庁
田町
西大寺町
新西大寺町筋
京橋（臨時駅）
小橋
中納言
大雲寺前
門田屋敷
東山・おかでんミュージアム
東中央町
清輝橋
清輝橋線
N
岡山電気軌道

車両は、所有両数のわりに変化に富んでいる。主力となる7000形から7900形の車体は新製で、路面電車としては早期から冷房が設置されていたが、機器類は秋田、呉、別大線（大分）などからの流用が多く、「石津式」という独特な形状をしたパンタグラフを装備している。3000形は元東武日光軌道線の100形で、3000形3007号は、烏城にちなんだ黒い塗色の「KURO」。3000形7001号は、和歌山電鐵の名

「石津式」パンタグラフ

物駅長にちなんだ「たま電車」。2002（平成14）年に登場した9200形はLRV車で、「MOMO」と呼ばれている。また、2019年3月からは、イギリスの人気テレビアニメの「チャギントン電車」も加わる予定だ。おかでんミュージアムの2階には、チャギントンルームが設けられている。

「日本一短い」路線ながら、車両の人気化、水戸岡鋭治氏デザインの採択、LRVの投入、サイドリザベーション化やセンターポール化、新設計画、延伸計画など、常に前向きな試みが行われており、路面電車の可能性を切り開いている。

【路線データ】営業距離４・７キロ／軌間１０６７ミリ／停留場・駅数16／車両19両２編成
Webサイト・http://www.okayama-kido.co.jp/

広島電鉄（広島電鉄株式会社）――広島県広島市南区、中区、西区、佐伯区、廿日市市
原爆ドームと嚴島神社、２つの世界遺産を結ぶ

人口が１００万人を超える日本の大都市で、路面電車が市内交通の中心となっているのは広島だけだ。

広島市の人口は約１２０万人（２０１７年）。「ひろでん（広電）」の愛称で親しまれている広島電鉄は、市内の通勤通学輸送を担っているほか、広島駅と広島港を結び、原爆ドームと嚴島神社（駅は広電宮島口）という２つの世界遺産を結んで、観光の足の役割も果たしている。

本線、宇品線、江波線、横川線、皆実線、白島線の６線の軌道線に鉄道線の宮島線を合わせた路線の総延長は、35・１キロ。駅と停留場は81、年間輸送人員は約５６００万人、所有車両数は２９８両。年間輸送人員と所有車両数は、路面電車として日本一の規模だ。

開業は１９１２（大正元）年11月23日、全通は１９３１（昭和６）年。１９４５（昭和

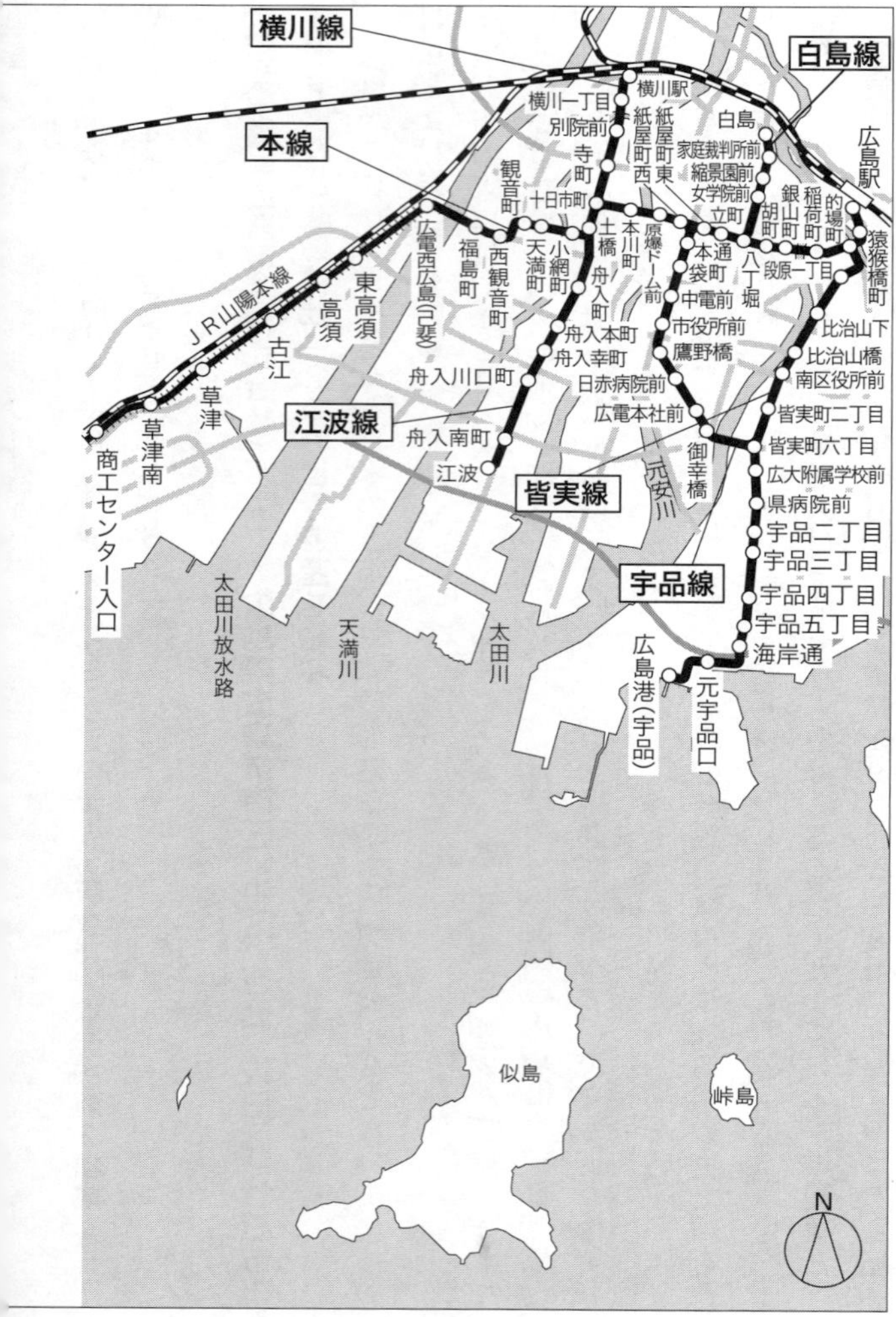
横川線
白島線
本線
江波線
皆実線
宇品線
JR山陽本線
横川駅
横川一丁目
別院前
寺町
十日市町
紙屋町西
紙屋町東
白島
家庭裁判所前
縮景園前
女学院前
広島駅
銀山町
胡町
稲荷町
的場町
猿猴橋町
八丁堀
段原一丁目
立町
本通
袋町
中電前
市役所前
鷹野橋
日赤病院前
広電本社前
原爆ドーム前
本川町
土橋
小網町
天満町
観音町
西観音町
福島町
広電西広島(己斐)
東高須
高須
古江
草津
草津南
商工センター入口
舟入町
舟入本町
舟入幸町
舟入川口町
舟入南町
江波
比治山下
比治山橋
南区役所前
皆実町二丁目
皆実町六丁目
広大附属学校前
県病院前
宇品二丁目
宇品三丁目
宇品四丁目
宇品五丁目
海岸通
元宇品口
広島港(宇品)
御幸橋
元安川
太田川放水路
天満川
太田川
似島
峠島
N

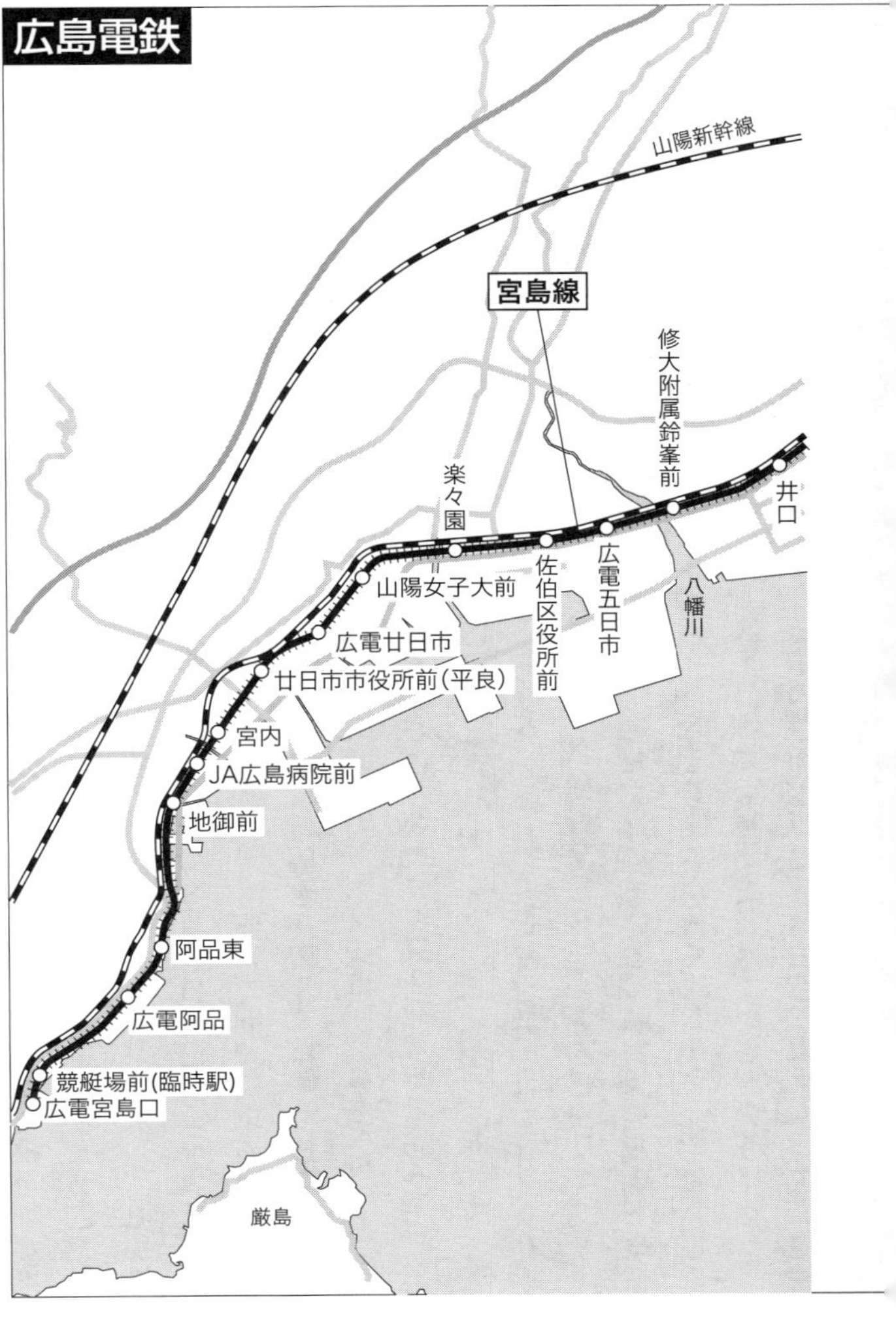
広島電鉄
山陽新幹線
宮島線
修大附属鈴峯前
楽々園
井口
山陽女子大前
佐伯区役所前
広電五日市
八幡川
広電廿日市
廿日市市役所前(平良)
宮内
JA広島病院前
地御前
阿品東
広電阿品
競艇場前(臨時駅)
広電宮島口
厳島

原爆ドームを見ながら相生橋を渡る「被爆電車652号」

20）年8月6日、原爆投下により軌道線全線が不通となった。広島電鉄では社員185人が亡くなり、108両の車両が被災した。しかし、原爆投下のわずか3日後の8月9日に己斐《こい》（現・広電西広島）～西天満（現・廃止）間で電車の運転を再開して、市民に希望を与えた。原爆で被災した被爆電車650形のうち3両は、いまも現役である。

広島電鉄は積極的にLRT化に取り組んでいる。1999（平成11）年には、日本で初めてドイツ・ジーメンス社製5連接超低床車の5000形「GREEN MOVER」を導入。バリアフリー化や軌道緑化も進めている。駅前大橋ルートや循環ルートなどの新線計画も進行中で、宇都宮市のLRT計画にも協力を行っているという。

日本の路面電車は、過去も、未来も、広島電鉄の存在を抜きにしては語れない。

【路線データ】営業距離35・1キロ、軌間1435ミリ、停留場・駅数81、車両75両60編成

Webサイト・http://www.hiroden.co.jp/

伊予鉄市内電車（伊予鉄道株式会社松山市内線）――愛媛県松山市

夏目漱石『坊っちゃん』にも登場する、四国初の路線

１８８８（明治21）年10月28日、松山（現・松山市）～三津間に四国初の鉄道、伊豫鉄道（現・高浜線）が開通した。東海道線がいまだ全通していない時代の話で、純民間資本の私鉄としては、阪堺鉄道（現・南海電鉄）に次いで日本で２番目の開業だった。

日本で初めてナローゲージの７６２ミリを採用。軌間１０６７ミリで建設されてきたそれまでの鉄道に比べて、機関車も客車もひと回り小型だった。夏目漱石の『坊っちゃん』で「マッチ箱のような汽車」と書かれたのが、この鉄道である。

時下って２００１（平成13）年。伊予鉄の路面電車である市内線では、ＳＬ型のディーゼル機関車が牽引する2代目「坊っちゃん列車」が運行を開始。松山城下や道後温泉を走る姿が話題になった。

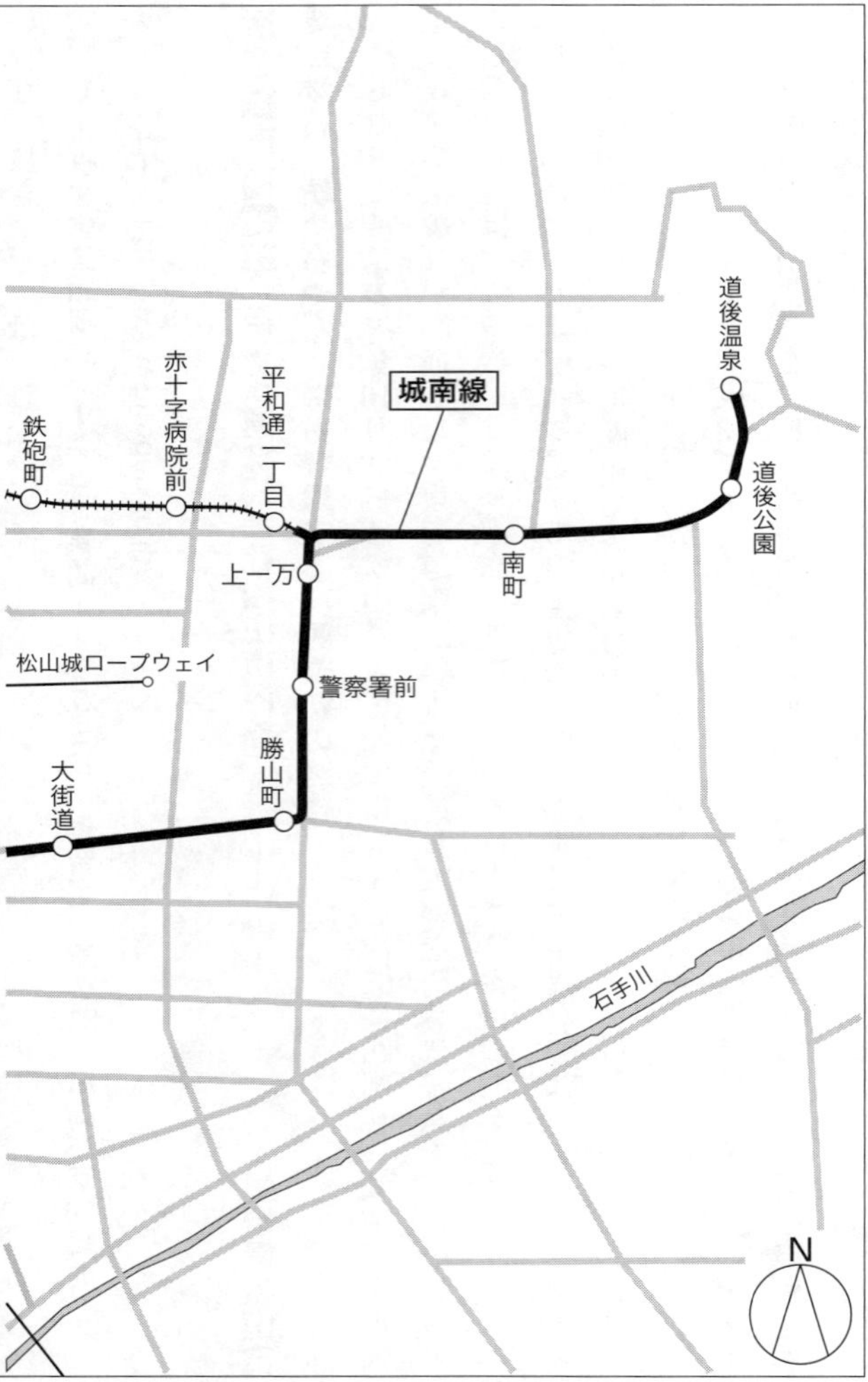

城南線
道後温泉
道後公園
南町
平和通一丁目
赤十字病院前
鉄砲町
上一万
松山城ロープウェイ
警察署前
勝山町
大街道
石手川
N

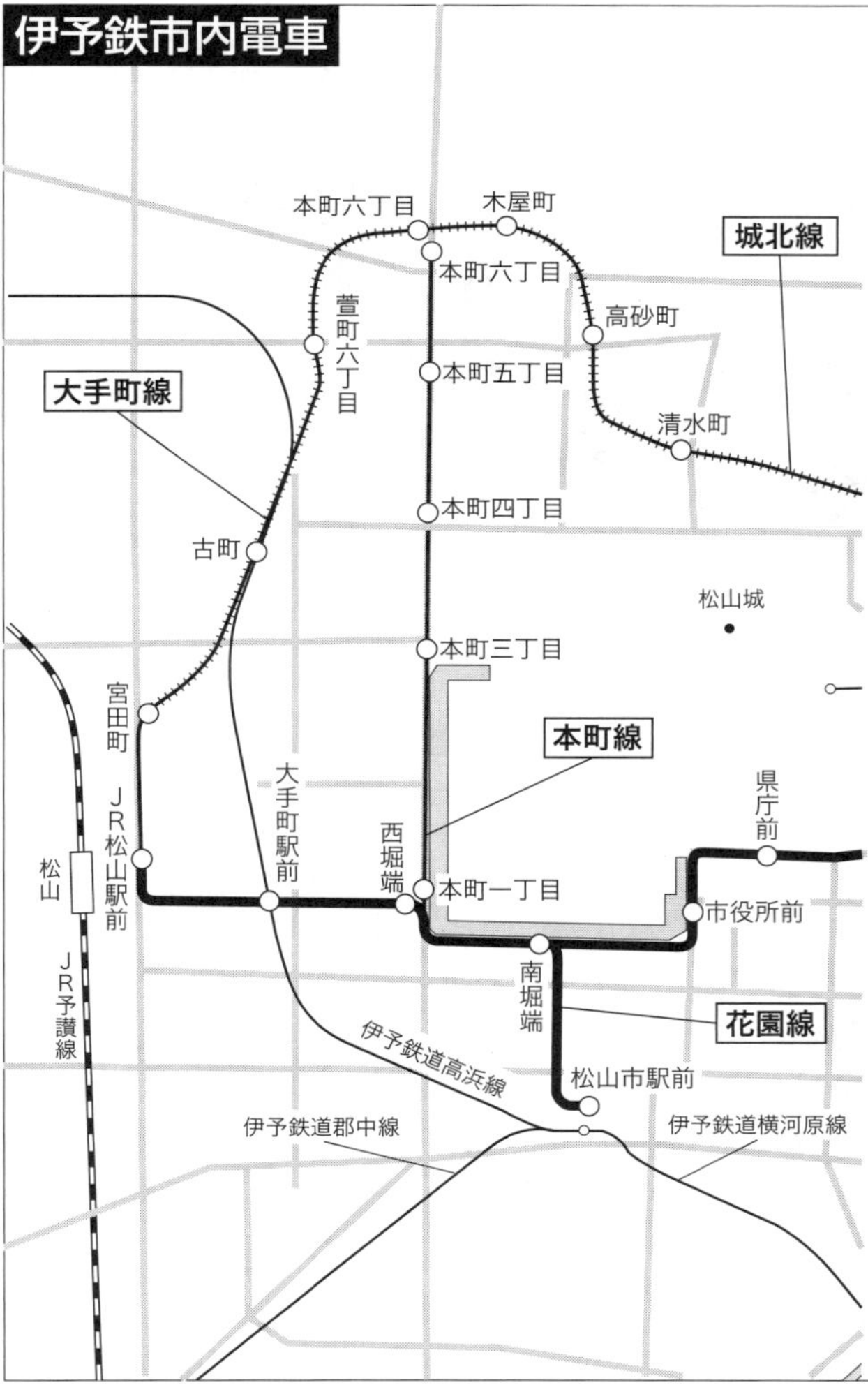
伊予鉄市内電車
本町六丁目
木屋町
城北線
本町六丁目
萱町六丁目
高砂町
本町五丁目
大手町線
清水町
本町四丁目
古町
松山城
本町三丁目
宮田町
本町線
県庁前
JR松山駅前
大手町駅前
西堀端
本町一丁目
松山
市役所前
南堀端
JR予讃線
花園線
伊予鉄道高浜線
松山市駅前
伊予鉄道郡中線
伊予鉄道横河原線

市役所前付近で「坊っちゃん列車」同士が行き交う

ところで、松山市内の路面電車が伊予鉄の市内線となるまでには、紆余曲折があった。

まず1895（明治28）年に道後鉄道によって古町《こまち》～道後（現・道後温泉）～松山（現・大街道付近）が開通した。道後鉄道は軌道ではなく鉄道として開業しており、古町～平和通一丁目間は、現在も専用軌道の鉄道線である。道後鉄道は1900（明治33）年に伊予鉄に合併されて、伊予鉄の道後線になった。1911（明治44）年、松山電気軌道が三津浜と道後温泉を結ぶ軌道を建設して電車運転を開始した。この軌道は伊予鉄の高浜線や道後線と競合していたので、伊予鉄は道後線を1067ミリに改軌、電車運転を行って対抗した。1921（大正10）年に伊予鉄が松山電軌を合併。路線の付け替えや廃止などの整理統合が行われた。

伊予鉄も、松山市も、路面電車のLRT化には積極的だ。2002（平成14）年には2100形、2017（平成29）年には5000形LRVの単車が導入された。5000形は近未来をイメージさせるような流線形の超低床車で、これが松山の街によく似合っている。2020年のJR松山駅高架化後には市内線が高架下を抜けて西へ延伸される予定で、将来的には松山空港へ乗り入れて空港アクセスを担う構想もある。

【路線データ】営業距離9・6キロ／軌間1067ミリ／停留場・駅数28／車両43両
Webサイト・http://www.iyotetsu.co.jp/

とさでん交通（とさでん交通株式会社）——高知県高知市、南国市、吾川郡いの町

とさでんに「日本一」はいくつある？

とさでん交通の路線図は、高知のはりまや橋を交点として、東西方向に長く延びた十字形をしている。十字の縦線、南北の路線が桟橋線で、その北端が高知駅前、南端が高知港の一角の桟橋通五丁目。はりまや橋から東に向かっているのが後免線で、終点は南国市の後免町。西に延びているのが伊野線で、終点は吾川郡いの町の伊野である。

とさでんには「日本一」や「日本唯一」が多い。まず、路線総延長25・3キロは、軌道

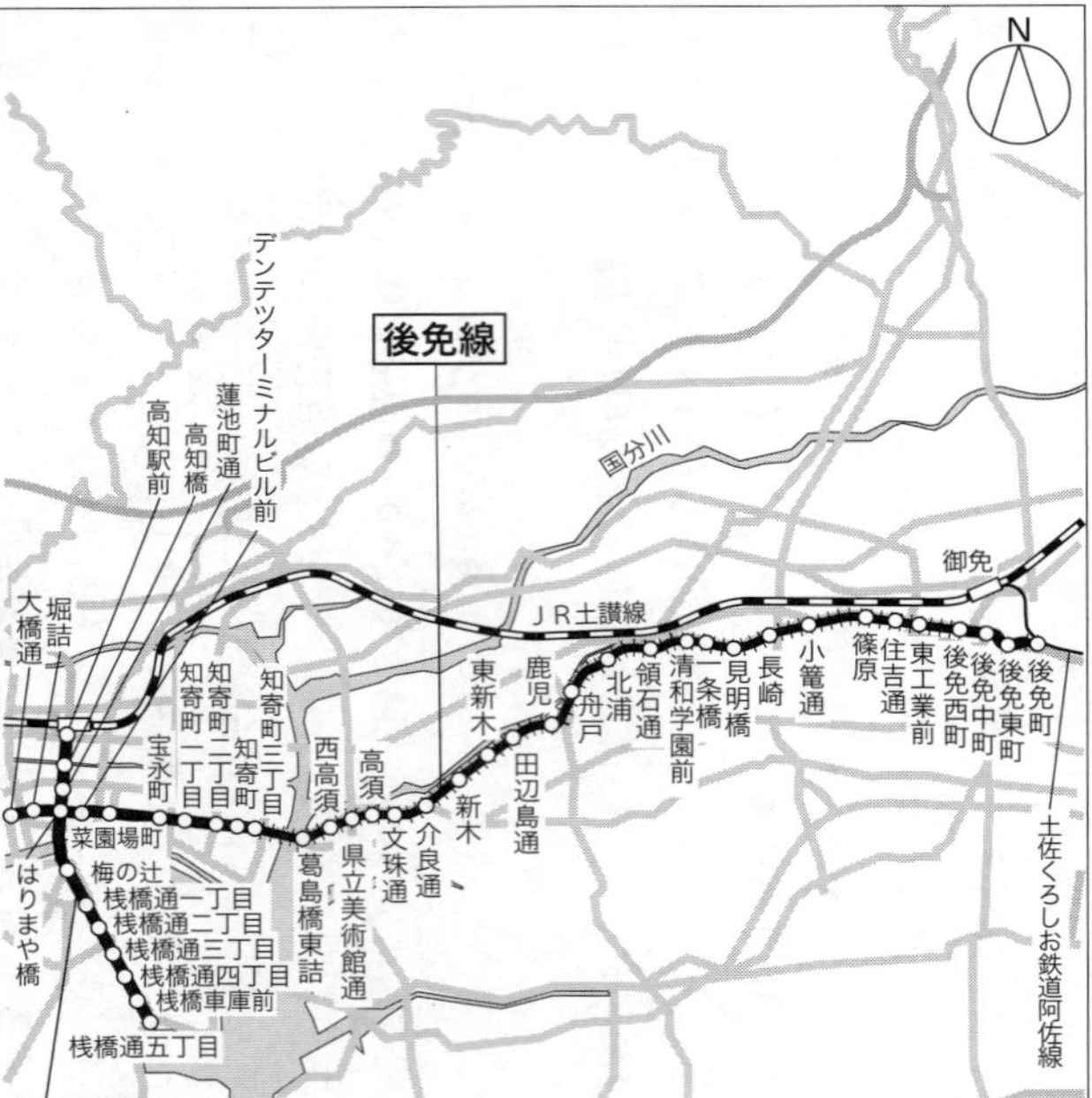
N
後免線
桟橋線
デンテツターミナルビル前
蓮池町通
高知橋
高知駅前
堀詰
大橋通
はりまや橋
菜園場町
宝永町
知寄町一丁目
知寄町二丁目
知寄町
知寄町三丁目
西高須
高須
葛島橋東詰
県立美術館通
文珠通
介良通
新木
東新木
田辺島通
鹿児
舟戸
北浦
領石通
清和学園前
一条橋
見明橋
長崎
小篭通
篠原
住吉通
東工業前
後免西町
後免中町
後免東町
後免町
土佐くろしお鉄道阿佐線
御免
ＪＲ土讃線
国分川
梅の辻
桟橋通一丁目
桟橋通二丁目
桟橋通三丁目
桟橋通四丁目
桟橋車庫前
桟橋通五丁目

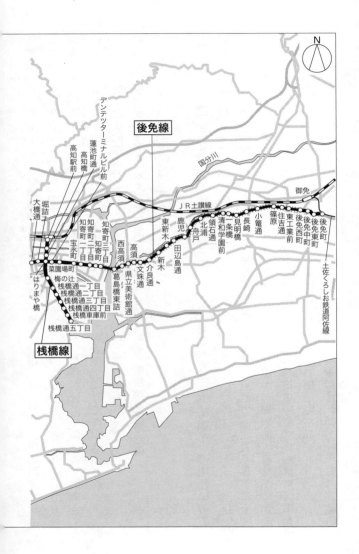

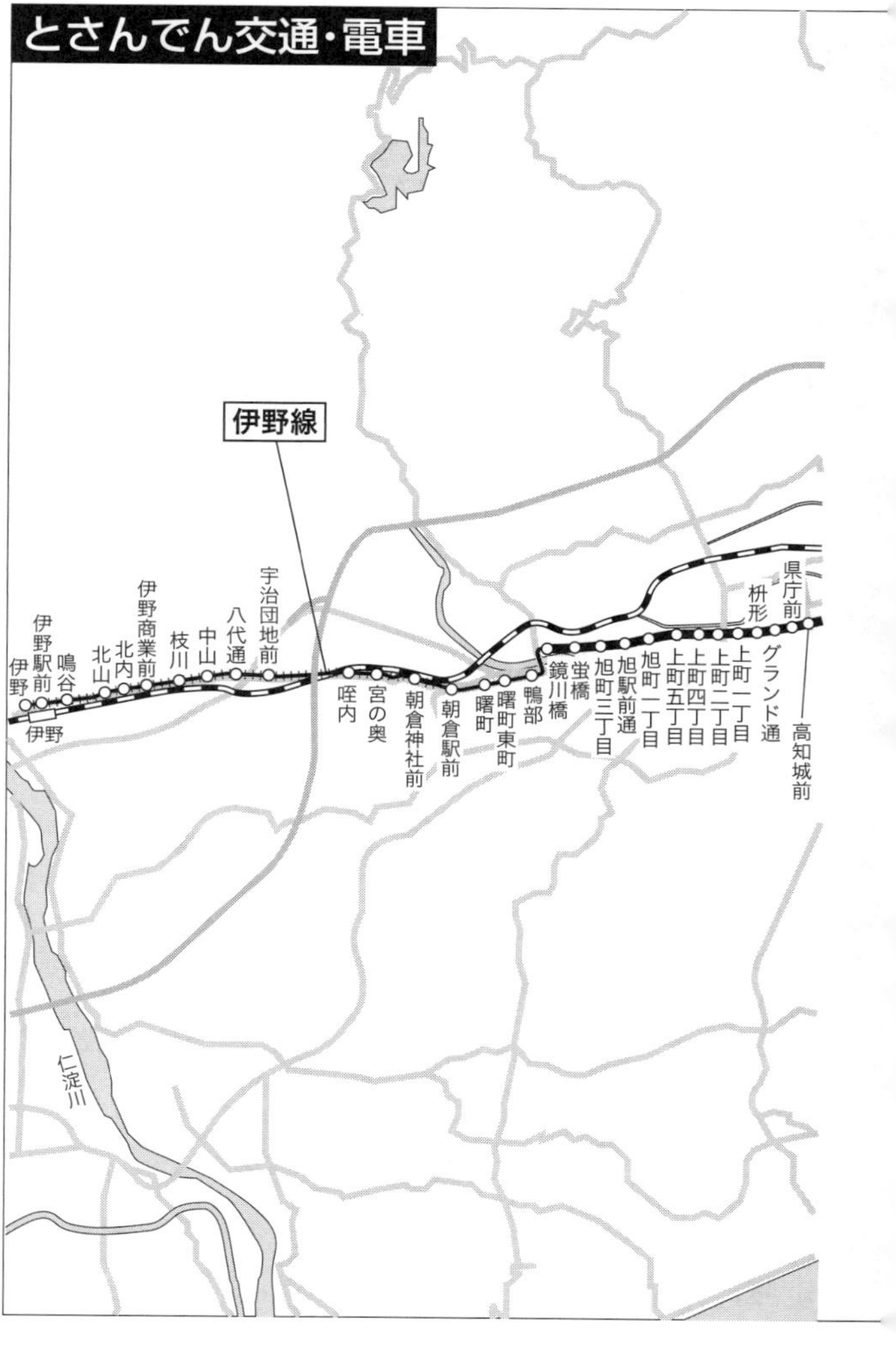
とさんでん交通・電車
伊野線
伊野
伊野駅前
鳴谷
北山
北内
伊野商業前
枝川
中山
八代通
宇治団地前
咥内
宮の奥
朝倉神社前
朝倉駅前
曙町
曙町東町
鴨部
鏡川橋
蛍橋
旭町三丁目
旭駅前通
旭町一丁目
上町五丁目
上町四丁目
上町二丁目
上町一丁目
グランド通
枡形
県庁前
高知城前
伊野
仁淀川

終日賑わいをみせる高知市の中心、はりまや橋停留場

線としては日本一の長さである。宇治団地前〜伊野間は、日本で唯一郡部を走っている路面電車の路線だ。また、後免線の清和学園前と一条橋の両停留場間の距離はわずか63メートルしかなく、これは日本一短い隣接駅間距離である。

いまでは珍しくなったタブレット（通票）交換もとさでんの名物で、伊野線の鏡川橋〜終点の伊野間は単線のため、市場前信号所、朝倉停留場、中山信号所（2014年から）の3カ所でタブレット交換が行われている。

また、とさでん交通の前身、土佐電気鉄道が1904（明治37）年5月2日に現伊野線の堀詰〜乗出（現・グランド通）間と現桟橋線の梅の辻〜桟橋（現・桟橋車庫前）を開通して、四国で初めての「電車運転」を行った。1908（明治41）

年には、堀詰から下知（現・宝永町）間が開通して、１９２８（昭和３）年の高知駅前～はりまや橋間開業で、ほぼ現在の路線網ができあがった。

これまで、とさでんが積極的に導入してきた外国製の電車にも注目したい。ノルウェーのオスロ（１９８号、１９３９年製）、オーストリアのグラーツ（３２０号、１９４９年製）、ポルトガルのリスボン（９１０号、１９４７年イギリス製）を走っていた電車は、やはり絵になる。「ゴールドフィッシュ」の愛称があるレトロな流線形の１９８号などは、見るからに路面電車らしく、街の中を走る路面電車のデザインは大事だと改めて思う。現在、外国電車の運行はイベント走行などに限っているとのことで、残念である。

【路線データ】営業距離25・3キロ／軌間1067ミリ／停留場・駅数76／車両62両2編成

Webサイト・http://www.tosaden.co.jp/

長崎電気軌道（長崎電気軌道株式会社）――長崎県長崎市

なぜ路面電車が市内交通の中心として機能しているのか？

浦上天主堂、平和公園、出島、グラバー園、オランダ坂、大浦天主堂、めがね橋……。長崎ではどこへ行くにも路面電車が使えるし、少し歩けば路面電車の軌道に行き当たる。

賑橋～浜町アーケード間で中島川を渡る。後方は眼鏡橋

営業距離は11・5キロなのだが、海と山に挟まれた長崎市内の平地では、実際の路線距離以上に路面電車が走り回っているような印象を受ける。

開業は1915（大正4）年11月16日。病院下（現・大学病院付近）～築町（現・新地中華街）間で開業した。1945（昭和20）年8月9日の原爆投下では、120人の職員が亡くなり、16両の電車が焼失した。復旧は同年11月25日の長崎駅前～西浜町（現・浜町アーケード）～蛍茶屋間から で、1953（昭和28）年7月1日の西浜町～思案橋間の開通で全線の復旧が完了した。

長崎電気軌道には、広島電鉄同様、「動く路面電車の博物館」という趣がある。箱根登山鉄道小田原線出身の150形、都電2000形、元仙台市電のモハ100形など、各地で廃車になった往

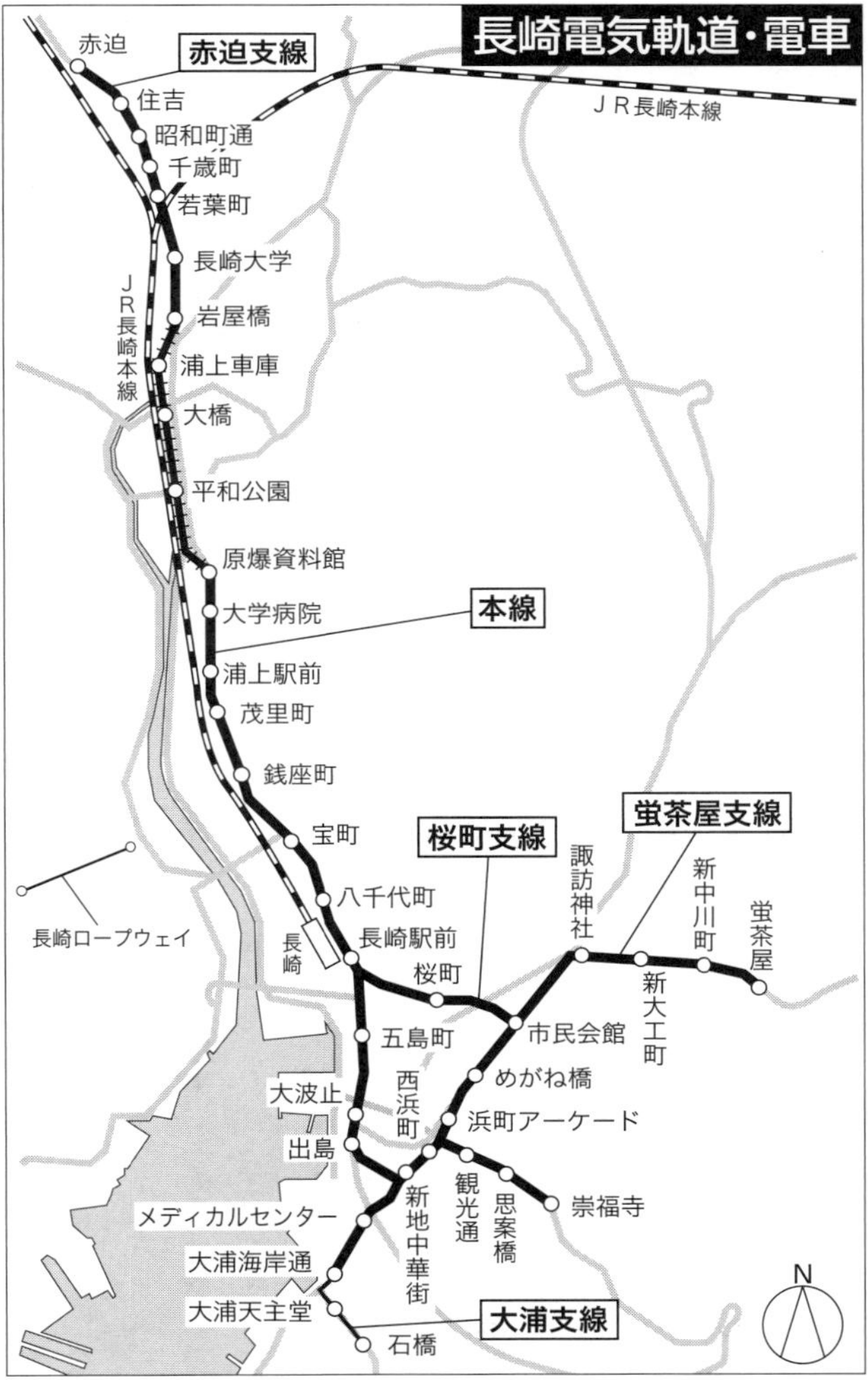
長崎電気軌道・電車
赤迫支線
本線
桜町支線
蛍茶屋支線
大浦支線
ＪＲ長崎本線
ＪＲ長崎本線
赤迫
住吉
昭和町通
千歳町
若葉町
長崎大学
岩屋橋
浦上車庫
大橋
平和公園
原爆資料館
大学病院
浦上駅前
茂里町
銭座町
宝町
八千代町
長崎駅前
長崎
五島町
大波止
出島
メディカルセンター
大浦海岸通
大浦天主堂
石橋
桜町
市民会館
めがね橋
浜町アーケード
西浜町
新地中華街
観光通
思案橋
崇福寺
諏訪神社
新大工町
新中川町
蛍茶屋
長崎ロープウェイ
N

年の名車たちが、長崎の街をはつらつと走っているのだ。最古老の160形は1911（明治44）年製造の元西鉄福岡市内線100形で、2018（平成30）年で107歳になる。さすがに現役からは引退したが、イベント列車として運転されている。

会社もまた長寿で、長崎電気軌道は1914（大正3）年に創立以来、一度も社名を変更せず、廃線も行っていない（路線の付け替えはあった）。

それから、長崎電気軌道は全国の路面電車で運賃がもっとも安い。大人運賃は一律120円、1日乗車券は500円。運賃が安い理由としては、人口が市街地に集中していること（市街地の人口密度が高いこと）、路線が市街地に行き渡っていて便利なこと、観光客も含めて利用者数が多いこと、運行効率がよく経営が安定していること、などが挙げられるだろう。先に紹介した使用車両の寿命の長さも大いに関係がありそうである。

懸案事項は、長崎駅前停留場の使いにくさだ。乗り場が分かれていたり、歩道橋を渡らなければ停留場へ行けなかったり。路線がここで本線と桜町支線に分かれるので、電車が詰まることもあるという。ホームや線路の増設、バリアフリー化などの改善が待たれる。

【路線データ】営業距離11・5キロ／軌間1435ミリ／停留場・駅数37／車両70両5編成

Webサイト・http://www.naga-den.com/

熊本市電（熊本市交通局）――熊本県熊本市西区、中央区

全国の路面電車の発達に影響を及ぼす

熊本市電にはさまざまな「日本初」がある。企業体が新たなことを始めるには相当な覚悟が必要であることは言うまでもないことで、公営企業である熊本市交通局がさまざまな新機軸を打ち出し、実現して、成果を上げているのは、特筆すべきことだと思う。

歴史を見てみよう。まず１９２４（大正13）年８月１日、熊本駅～浄行寺町（現在は廃止）間と水道町～水前寺（現・水前寺公園）間で熊本市電が開通した。市内には１９０７（明治40）年に開業した熊本軽便鉄道があったが、蒸機軌道だったため、市民は電車の運転を待ち望んでいた。

熊本電気軌道が運行していた路面電車も、１９４５（昭和20）年に熊本市が買収した。熊本電鉄軌道線の藤崎宮前～上熊本間も市が買収して、市電坪井線となった。

新線建設や買収によって市電の路線は増えたが、１９７０年前後に坪井線や幹線が次々に廃止される。１９７９（昭和54）年になって、やはり廃止が噂されていた上熊本線の存続が決定すると、その前後から市電の躍進が始まった。

１９７８（昭和53）年、路面電車初の冷房車１２００型が登場。

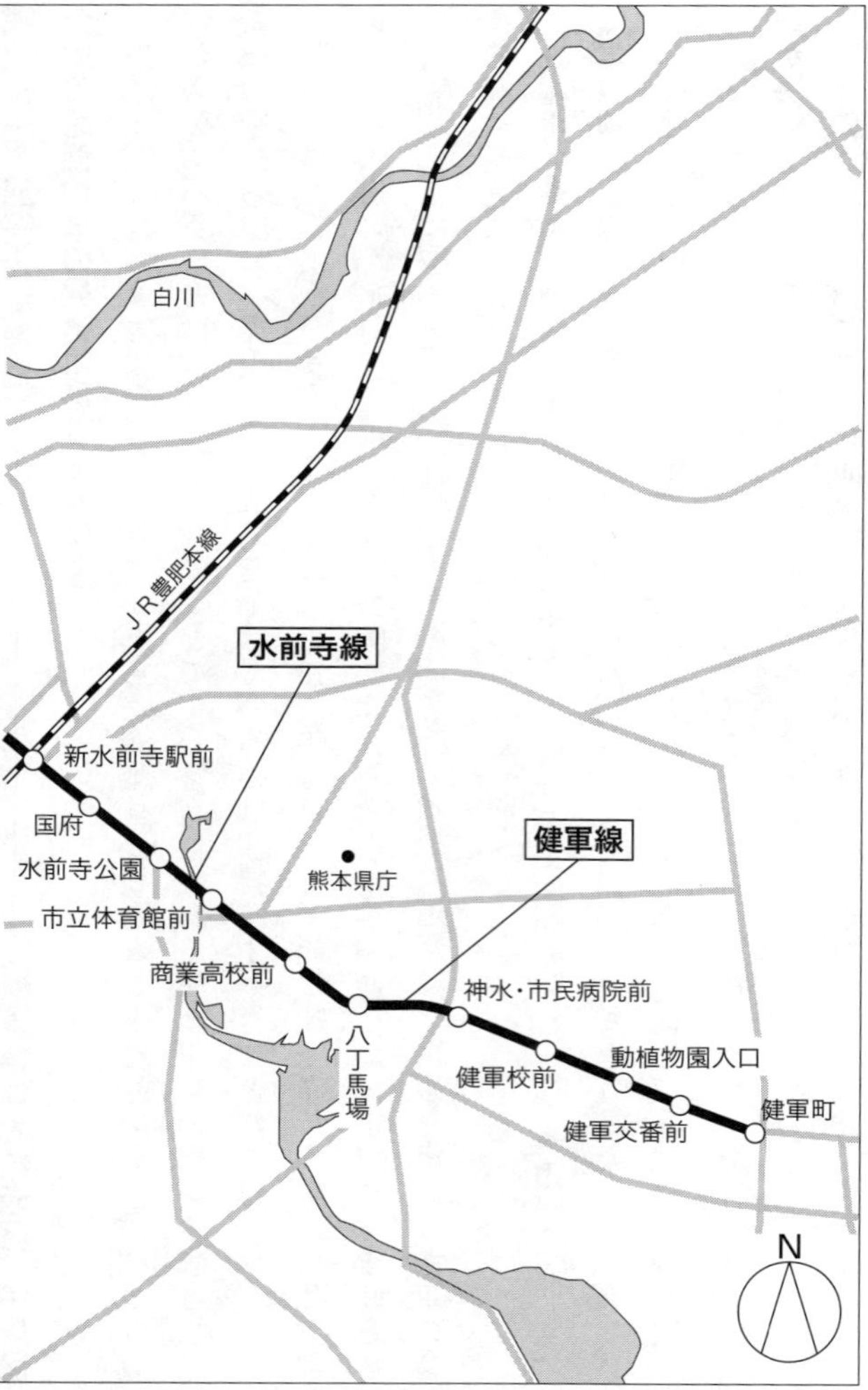

白川
JR豊肥本線
水前寺線
新水前寺駅前
国府
水前寺公園
市立体育館前
商業高校前
熊本県庁
健軍線
八丁馬場
神水・市民病院前
健軍校前
動植物園入口
健軍交番前
健軍町
N

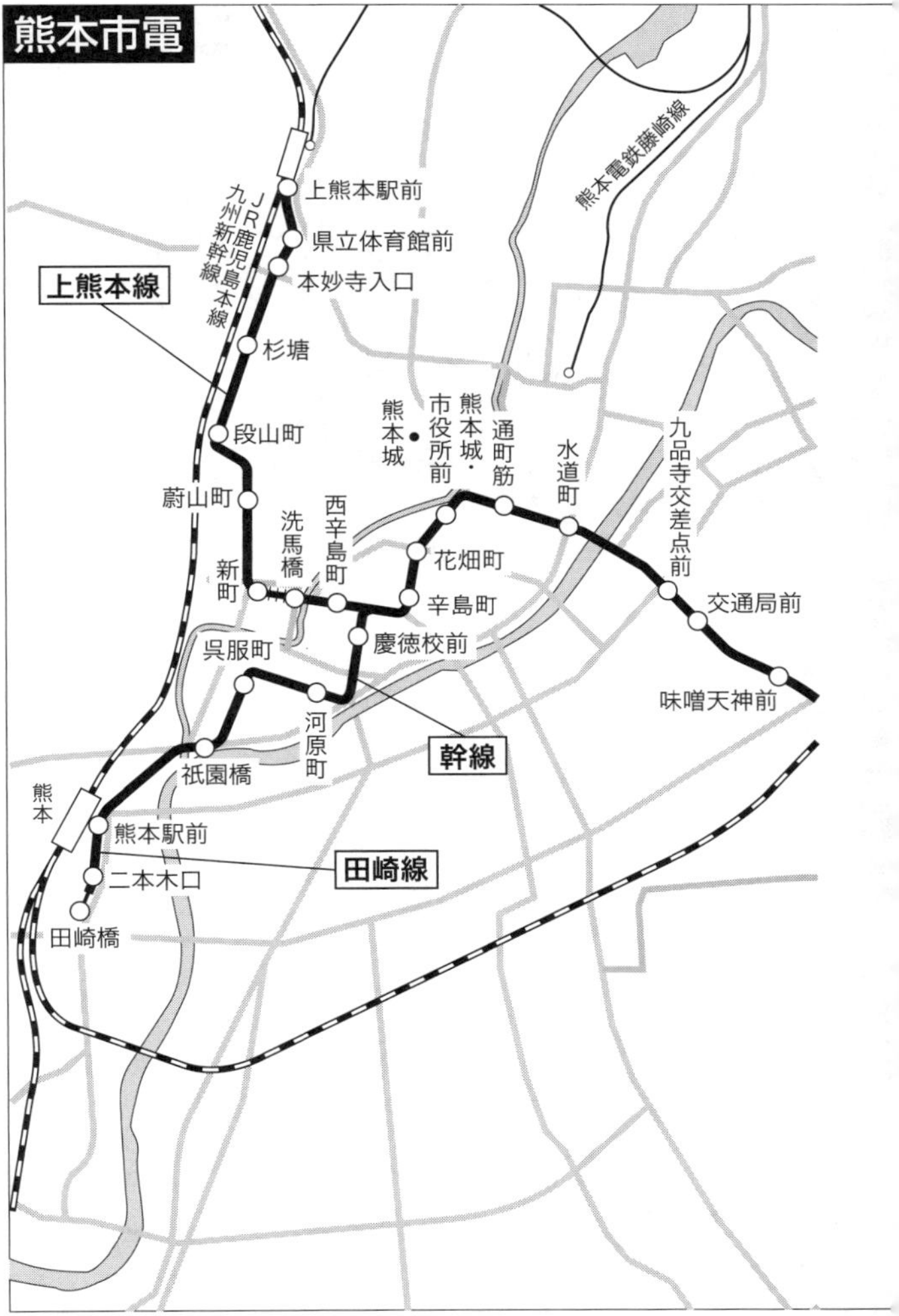
熊本市電
熊本電鉄藤崎線
上熊本駅前
県立体育館前
本妙寺入口
JR鹿児島本線
九州新幹線
上熊本線
杉塘
段山町
熊本城
熊本城・市役所前
通町筋
水道町
九品寺交差点前
蔚山町
洗馬橋
西辛島町
花畑町
新町
辛島町
交通局前
慶徳校前
呉服町
味噌天神前
河原町
幹線
祇園橋
熊本
熊本駅前
田崎線
二本木口
田崎橋

二本木口停留場の0800型「COCORO」。この付近は緑化されたサイドリザベーション軌道だ

1982（昭和57）年、日本初のＶＶＶＦインバータ制御車8200型を導入。

1992（平成４）年、戦後初の女性運転士が登場。

1997（平成９）年、日本初の超低床車9700型が登場。

2002（平成14）年、日本初のインファンド工法で、振動や騒音の軽減を図る。

2010（平成22）年、田崎線のサイドリザベーション化を実施。

このように、熊本市電はさまざまな試みに挑み、市民に寄り添いながら走り続けてきた。熊本市電が初導入したユニバーサルデザインの車両や環境を考慮した工法、施策は、その後全国に広がっており、熊本市電が全国の鉄道や路面電車に与えた影響は非常に大きい。

２０１６（平成28）年４月の熊本地震では多大な被害を被ったが、本震から３日後の19日に運転を再開して、市民への力強い励ましとなった。

【路線データ】営業距離12・2キロ／軌間１４３５ミリ／停留場・駅数35／車両36両９編成
Webサイト・http://www.kotsu-kumamoto.jp/

鹿児島市電（鹿児島市交通局）――鹿児島県鹿児島市
ほぼ毎年黒字経営で、新線建設も検討中

鹿児島初の路面電車は、１９１２（大正元）年12月１日、鹿児島電気軌道が武之橋～谷山間で開業した。１９２８年に鹿児島市電となったが、徐々に経営が悪化してしまった。１９８５年には路面電車が道路渋滞の元凶とされ、国道３号と10号を走る２路線が廃止された。しかし、冷房車の導入や定時運行によって乗客が増員し、経営は黒字に転換した。現在はウォーターフロントや鹿児島県庁方面への新線建設計画も検討されている。

鹿児島市はまた、２００２（平成14）年から軌道の緑化を推進し、全国に先駆けて併用軌道全区間の軌道緑化を完成した。緑化面積は約３万５０００平方メートルもあり、市街

桜島を眺めながらに甲突川を渡る「ユートラム」

中心部の道路を覆う緑のカーペットは、都市景観として美しいだけでなく、ヒートアイランド現象の緩和にも役立っている。軌道全区間の緑化に先立ち、1992（平成4）年には併用軌道区間のセンターポール化が完成しており、道路上に張りめぐらされていた多くの電線が撤去されて、軌道上に青い空が広がった。

車両はほとんどが自社発注車で、なかなか個性的だ。2002（平成14）年に登場した1000形「ユートラム」は純国産では初の超低床車。「かごでん」の愛称で親しまれている100形電車は大正生まれの20形をモデルにしたレトロ車両で、貸切電車やイベント電車として活躍している。中でもユニークな車両が、世界初という「芝刈り電車」だ。500形電車を改造した散水車（牽引車）

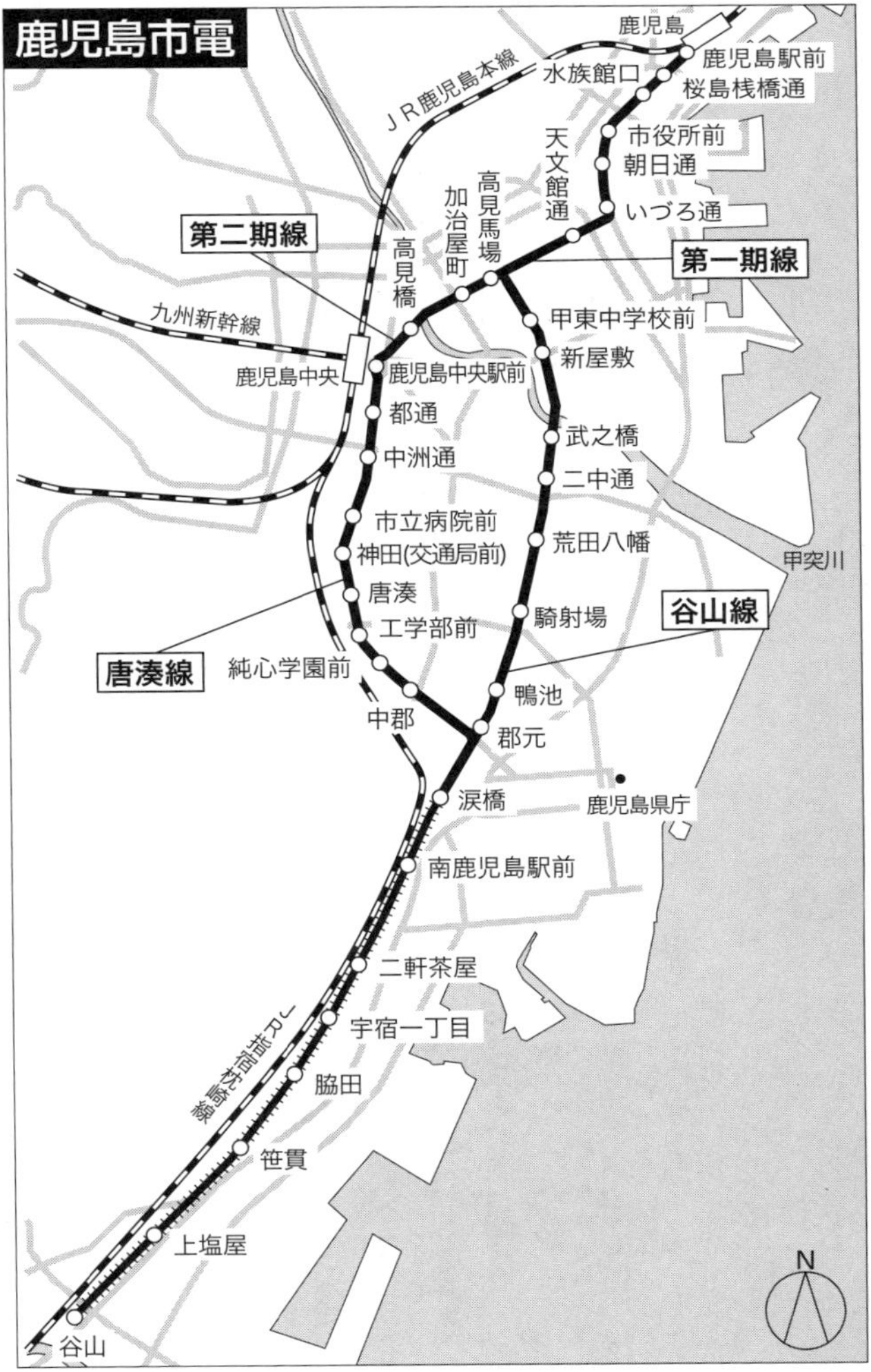
鹿児島市電
鹿児島
鹿児島駅前
桜島桟橋通
水族館口
ＪＲ鹿児島本線
市役所前
朝日通
天文館通
いづろ通
高見馬場
加治屋町
高見橋
第二期線
第一期線
九州新幹線
甲東中学校前
新屋敷
鹿児島中央
鹿児島中央駅前
都通
中洲通
武之橋
二中通
市立病院前
神田(交通局前)
荒田八幡
甲突川
唐湊
工学部前
騎射場
谷山線
唐湊線
純心学園前
鴨池
中郡
郡元
涙橋
鹿児島県庁
南鹿児島駅前
二軒茶屋
宇宿一丁目
脇田
笹貫
上塩屋
谷山
N

と、芝刈り機と吸引装置を積載した貨車（付随車）という編成で、夜間の芝刈り作業のほか、桜島の降灰時には散水車が単独で水まきを行う。

鹿児島市交通局は市電のほかに路線バスや観光バスも営業しているが、バス事業は恒常的な赤字で、経営状況は厳しいという。一方、黒字の市電は、路線距離、運行頻度、輸送力などにおいて、路線バスの輸送力を代替できるほどには機能していない。

交通インフラの整備は、予算面の問題などもあり、どうしても逐次改善になってしまいがちだ。さまざまな「縛り」がある中で、バスと市電との共存を図りながらいかに市電を発展させて、市内交通のネットワークを充実させるか。鹿児島市電の今後に注目したい。

【路線データ】営業距離13・1キロ／軌間1435ミリ／停留場・駅数35／車両43両13編成

Webサイト・http://www.kotsu-city-kagoshima.jp/

おわりに

路面電車が走る街が好きだ。同じようなビルが立ち並んでいる街並みでも、そこに軌道があって、路面電車が走っていると、なんだかうれしくて街歩きが楽しくなる。路面電車が走る街では、車ではなく人間が主役なんだと素直に思える。街が優しく見えてほっとする。

昭和が終わるころには路面電車はこのまま消えてしまうのだろうと思っていたが、近ごろ各地から新車導入や新路線開通などのニュースが聞こえてくるようになった。今後も、宇都宮をはじめ、新規にＬＲＴ建設を計画している自治体の未来について、期待をもって見守っていきたいと思う。

本書制作にあたっては、貴重な画像を提供してくださった花巻の菅原唯夫様、高崎の田部井康修様、各運営事業体の皆様ほか、多くの方々に温かいお力添えをいただいた。厚く御礼申し上げます。

編集では、交通新聞社書籍編集長の伊藤真一さん、長岡彩香さん、交通新聞クリエイト取締役の邑口亨さん、宮澤紀行さんに大変お世話になった。ありがとうございました。

主要参考文献（順不同、※定期刊行物の年月号は省略）

『ちんちん電車』 獅子文六著（朝日新聞社、1966年）
『さようなら京都市電、83年の歩み』 京都市交通局総務課編（京都市交通局 1978年）
『かがくのとも「チンチンでんしゃのはしるまち」』 横溝英一作（福音館書店、1992年8月号）
『都電が走った街今昔』 林順信著（JTB日本交通公社出版事業局、1996年）
『都電が走った街今昔Ⅱ』 林順信著（JTB日本交通公社出版事業局、1998年）
『地図で歩く路面電車の街』 今尾恵介著（けやき出版、1998年）
『今日ものんびり都電・荒川線 チンチン電車でめぐる駅前銭湯と下町の風景』 武相高校鉄道研究同好会編・著（竹内書店新社、1999年）
『日本の路面電車1・2・3』 原口隆行著（JTB日本交通公社出版事業局、2000年）
『地形図でたどる鉄道史 東日本編・西日本編』 今尾恵介著（JTB日本交通公社出版事業局、2000年）
『京都市電が走った街今昔 古都の路面電車定点対比』 沖中忠順著（JTB日本交通公社出版事業局、2000年）
『横浜市電が走った街今昔』 長谷川弘和著（JTBパブリッシング、2001年）
『神戸市電が走った街今昔』 金治勉著（JTBパブリッシング、2001年）
『路面電車が街をつくる―21世紀フランスの都市づくり』 望月真一著（鹿島出版会、2001年）
『N電 京都市電北野線 RM library33』 吉川文夫著（ネコ・パブリッシング 2002年）
『鉄道用語事典』 久保田博著（グランプリ出版、2003年）
『鉄道忌避伝説の謎 汽車が来た町、来なかった町 歴史文化ライブラリー22』 青木栄一著（吉川弘文館、2006年）
『路面電車新時代』 服部重敬偏・著（山海写真 （彩流社、2006年）
『富山ライトレールの誕生 日本初本格的LRTによるコンパクトなまちづくり』 富山ライトレール記録誌編集委員会（鹿島出版会、2007年）
『LRTと接続可能なまちづくり』 青山吉隆編（学芸出版社 2007年）
『まるわかり鉄道用語の基礎知識850 用語から知る鉄道の技術、知識、文化』 池口英司著（イカロス出版、2007年）
『京都市電物語 思い出のアルバム』 都新聞社著（京都新聞出版センター 2008年）
『よみがえる東京 都電が走った昭和の街角』 三好好三樹著（学研パブリッシング、2010年）
『くらべる鉄道』 川辺謙一樹著（東京書籍、2011年）
『路面電車でひろがる鉄の世界』小川裕夫著（秀和システム、2012年）
『都電後を歩く 東京の歴史が見えてくる』 小川裕夫著（祥伝社新書322、2013年）
『路面電車 運賃収受が成功のカギとなる!? 』交通ブックス127 柚原誠著（交通研究協会、2017年）
『都電が走った1940年代～60年代の東京街角風景 貴重な発掘写真でよみがえる、懐旧の東京アルバム』 稲葉克彦著（フォト・パブリッシング、2018年）
『路面電車EX』（イカロス出版）※
『路面電車年鑑』（イカロス出版）※
『鉄道ピクトリアル』（電気社研究会・鉄道図書刊行会）※
『鉄道ファン』（交友社）※

取材協力・写真

札幌市交通局
函館市企業局交通部
東京都交通局
豊橋鉄道株式会社
富山地方鉄道株式会社
富山ライトレール株式会社
万葉線株式会社
福井鉄道株式会社
京福電鉄株式会社
阪堺電気軌道株式会社
岡山電気軌道株式会社
広島電鉄株式会社
株式会社伊予鉄グループ
とさでん交通株式会社
長崎電軌株式会社
熊本市交通局
鹿児島市交通局
宇都宮市建設部LRT整備室
札幌コンベンションビューロー（北海道開拓の村）
京都市都市緑化協会（N電）

菅原唯夫（花巻電鉄）
田部井康修（東武伊香保軌道線）
ペーター・エンダーライン（シュトゥットガルト、カールスルーエ）
西森聡

西森　聡（にしもり そう）
1954年生まれ。旅カメラマン。ヨーロッパ、とりわけドイツやスイスを中心に撮影。著書に『アルプスの少女ハイジ』『グリム幻想紀行』『旅するアンデルセン』『ピノッキオみつけた』（共著、いずれも求龍堂）、『ぼくは少年鉄道員』（福音館書店）、『ヨーロッパ鉄道紀行　15日間で6カ国をめぐる車窓の旅』（コロナ・ブックス、平凡社）、『そうだったのか、乗りかえ駅』（交通新聞社新書）、月刊「たくさんのふしぎ」（福音館書店）に、『ドイツの黒い森』（1997年12月号）、『走れLRT―路面電車がまちをかえた』（2001年9月号）、執筆の仕事に『世界の車窓からDVDブック』シリーズ（朝日新聞出版）などがある。

交通新聞社新書128

そうだったのか、路面電車

知られざる軌道系交通の世界

（定価はカバーに表示してあります）

2018年12月15日　第1刷発行

著　者――西森　聡
発行人――横山裕司
発行所――株式会社　交通新聞社
https://www.kotsu.co.jp/
〒101-0062　東京都千代田区神田駿河台2-3-11
NBF御茶ノ水ビル
電話　東京（03）6831-6560（編集部）
東京（03）6831-6622（販売部）

印刷・製本―大日本印刷株式会社

ISBN978-4-330-92018-4